JN285922

新　潮　文　庫

新・東京23区物語

泉　麻　人　著

新　潮　社　版

6729

目次

扉デザイン　U・F・G
付録カット　STUDIO PEACE（山中泰平）

はじめに

筆者が『東京23区物語』を書き下ろしたのは、一九八五年夏のこと。これは主婦の友社から発刊され、一九八八年秋、多少加筆修正して新潮文庫に収まった。10余年の時が流れ、その間にバブル経済は崩壊し、牛丼《ぎゅうどん》の値段は下がり、お台場タウンが発生し、パンチパーマの若衆《わかしゅ》はほぼ滅亡し、渋谷を歩く女子高生の顔色は変わった……。

様変りした東京23区の様子を書き換えた、改訂版のようなものをいつか出したい、と考えていた。ちょうど〝世紀〟が変わったのを機に、この新版を発刊することになったわけである。

当初は、新たなスポットについての記述を付け加えていく程度でいいか……と考えていたのだが、前書を読み直してみると、改稿したい箇所がぼこぼこと増えてきて、結局、ほぼ書き下ろし、という状態になった。執筆作業は、およそ1年前から、月に二、三日の割で新潮社のカンヅメ屋敷にこもって始めたわけだが、書いているうちに、ネタに使ったスポットは消え、ちょっと目を離したすきに、また新たな場所にスターバックスは発生し、ともかく東京の街はくるくると移り変わる。本書の記述も、すぐに古くなっていくのだろうが、ま、その辺はこういった書物の宿命である。

ところでこの序文は〝デアル調〟で書いているが、本文は原本のコンセプト――小学校の社会科教科書風のタッチ――に基づいて、〝デスマス調〟で通している。事実のなかに、所々「fake」(出鱈目《でたらめ》)も紛れ込んでいるが、寛容に受けとめていただければありがたい。

尚《なお》、紹介する23区の順位は、多くの「区分地図帳」にある順位に従っている。千代田区から、概《おおむ》ね右巻きのウズマキを描くように進んでいくこの順番は、昭和30年代頃におよそ定着したスタイルらしい。

また、港、渋谷、といった〝スター街〟の豊富な区と、そうでない区との間には、どうしてもボリュームの格差、が生じてしまった。ちょびっとしかない区の皆さん、ゴメンナサイ。

東京23区全図

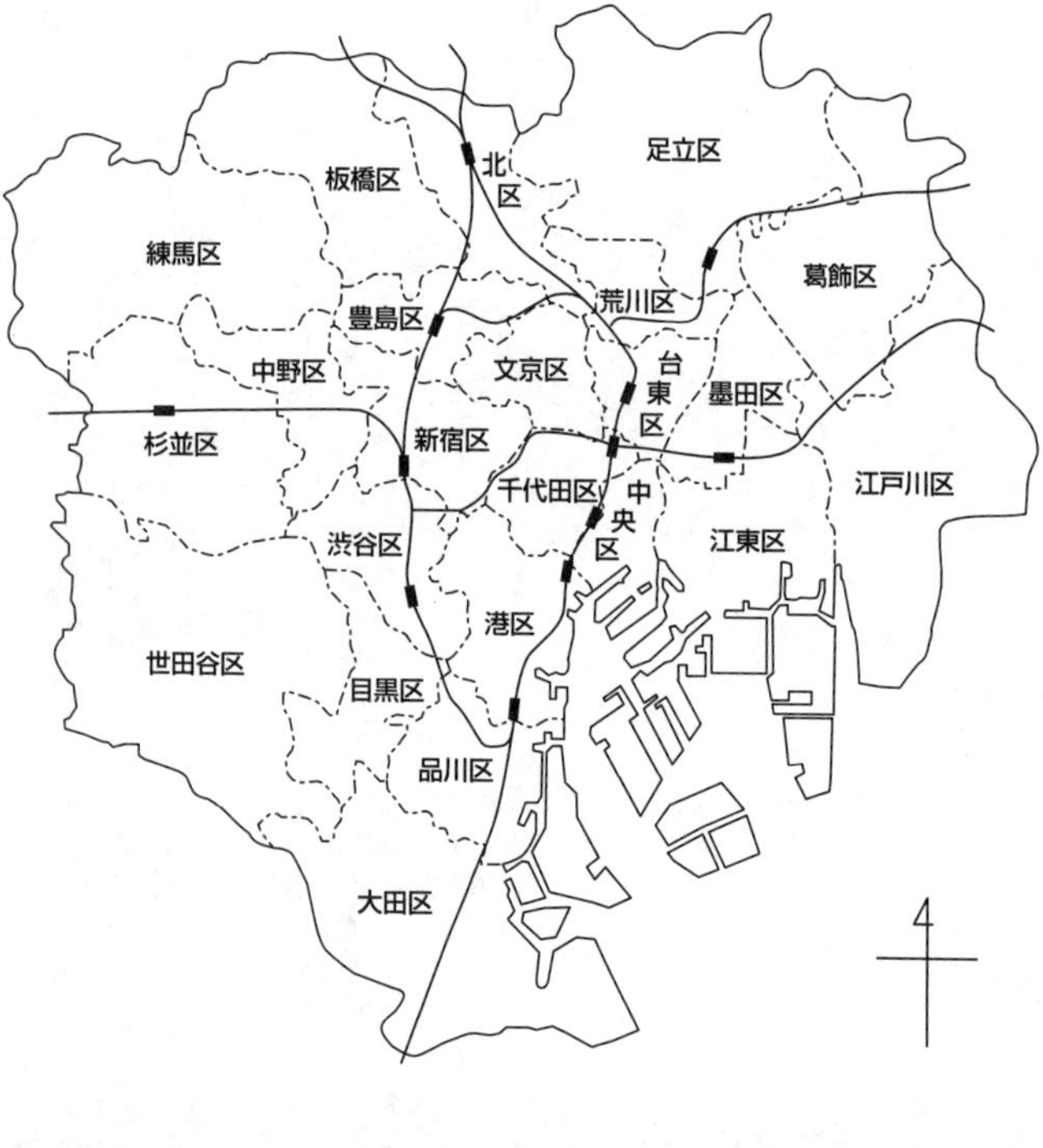

足立区
北区
板橋区
練馬区
葛飾区
荒川区
豊島区
台東区
文京区
中野区
墨田区
杉並区
新宿区
江戸川区
千代田区
中央区
江東区
渋谷区
港区
世田谷区
目黒区
品川区
大田区

新・東京23区物語

NEW TOKYO 23ku MONOGATARI

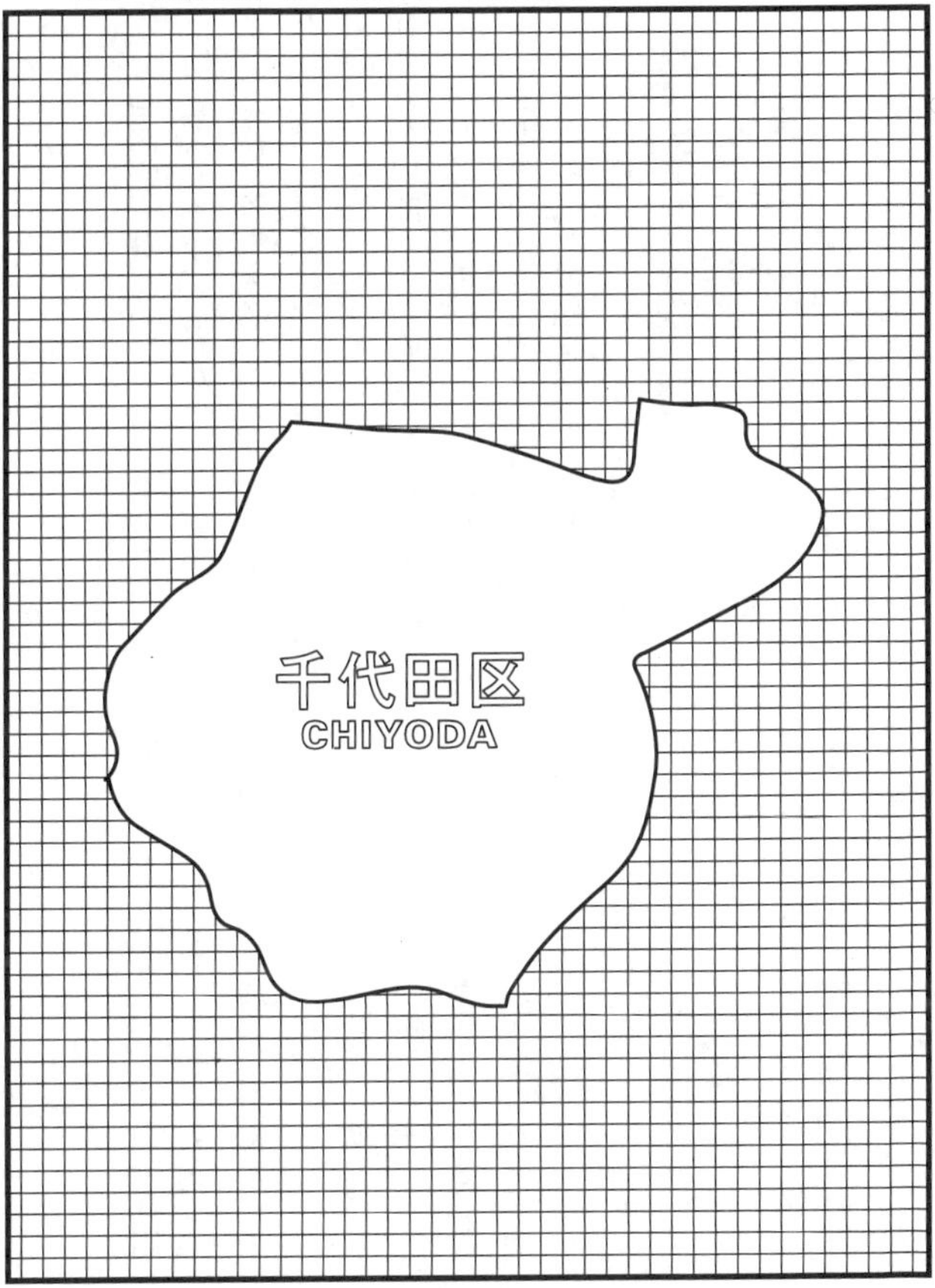

東京の区分地図帳をひらいてみると、23区中最初に紹介されているのが、この千代田区ということになります。「君が代」の歌詞に「千代に八千代に……」とあるように、これは区の真ん中に存在する「皇居」をイメージした区名であり、皇居の一帯には「千代田区千代田」という最上級の町名があてがわれています。

さて、皇居を取り巻く西側は九段、番町、麹町《こうじ》……この界隈《かいわい》は江戸の時代、武家屋敷が配置されていた地区で、南側は永田町、霞《かすみ》ヶ関《せき》の官庁街、東にわが国随一のオフィス街・丸の内、そして北は神田神保町《かんだじんぼう》、秋葉原……とこの一帯は「偉そうな千代田区」のなかで唯一《ゆいいつ》、庶民的な風情《ふぜい》を漂わせています。東京の町は、西高東低（正確には南西がリッチで、北東がプア）の傾向がありますが、すでに中心の千代田区内において、その徴候が現われていることがわかります。尤《もっと》も戦前までは、平川濠《ぼり》から東の神田地区は「神田区」、皇居を含む西側は「麹町区」と区分されていました。もともと神保町や秋葉原を千代田区に配属するのは、〝区分不相応〟な話だったのです。

では、順に区内の主だった町について解説していきましょう。東京の様々な町に暮らす人々の生態について論じていく――本書の主旨としては、まずは千代田区千代田の皇居内の人々の生態分析から始めなくてはならないところですが、さすがにこの領域だけは、散策好きの著者にもよくわかりません。ただ一ついえることは、皇居内の人々以上に、豊かな自然環境のなか、都心では見られなくなった様々な動物たちが棲息している、ということでしょう。

丸の内の夜明け

東京、いや日本のオフィス街の代名詞でもある「丸の内」の名は、江戸城の曲輪《くるわ》の内側、ということから付けられました。江戸の時代は大名屋敷が並んでいた地域でしたが、明治維新後、軍の兵舎や練兵場の土地に変わり、明治の20年頃になると、軍施設を郊外の赤坂や麻布《あざぶ》に移転する話がもちあがります。広大な跡地は、現在と同じように民間に払い下げられることになって、当時の財閥、岩崎や三井、渋沢、大倉、の各氏に話をもちかけたのですが、みな「ウマ味がない」と顔をくもらせていました。

読者のみなさんは、すぐ目の前に「東京駅がある」とイメージされているかもしれませんが、鉄道が新橋から延長されて東京駅ができるのは、大正3年のことです。その時代の丸の内は、アシ原の繁《しげ》るさびしい場所でした。

結局、岩崎氏が激安ダンピング価格の「坪12円」で、しぶしぶアシ原の一帯を買いとって、明治27年、その後「東9号館」と呼ばれるようになった赤レンガ造りのビルを建てました。これより、三菱《みつびし》系オフィスビルが林立する丸の内の時代が幕を開けるわけです。

丸の内バレーボール人の盛衰

いまはなき旧丸ビルが、関東大震災の起こった大正12年に完成します。丸ビルは、その後の戦災にも遭わず、戦後の高度成長時代のシンボルとして、丸の内の一等地に君臨し続けました。

昭和30年代頃に撮られた東宝のサラリーマン喜劇映画などを観《み》ると、昼休みにサラリーマンやBG（当時のOLの呼び名）たちが、ビルの屋上で和気あいあいとバレーボールに興じるシーン——がよく出てきます。たとえば、植木等の〈無責任シリーズ〉の第一作「ニッポン無責任時代」（昭和37年）。

C調（当時の流行語で〝調子いい〟）社員の植木等が屋上でヒマをつぶしていると、安田伸たち凡庸な社員グループがやっているバレーのボールがコロコロと植木の前に転がってきます。これを植木は、投げ返すポーズをとって、サッと反対側のビルの下に投げ捨ててしまうのですが、その場面は丸ビル屋上で撮影された——といわれています。

映画に限らず、ともかく高度成長時代の丸の内サラリーマンたちは、ビルの屋上で、あるいは日比谷《ひびや》公園で、ちょっとした広場を見つけると、すぐにパンポンとバレーボールをはじめる――といった習性をもっていました。「働いて、働いて、働きぬいてやるぞ！」身体《からだ》から湧《わ》き出すエネルギーを指の先にこめて、ボールを空へと叩《たた》き放っていたのでしょう。そうやって、迸《ほとばし》る高度成長エネルギーを、吐き出さないことにはいられなかったのです。

そんな、丸の内バレーボール人たちの熱が、一つの結果として、東京オリンピック・大松監督率いる女子バレーチームにメダルをもたらした――といっても過言ではないでしょう。その後、「サインはV」のブーム（昭和44年）を経て、ミュンヘン五輪の大古や猫田選手たちの活躍（昭和47年）の頃を最後に、丸の内からバレーボールの光景は消えていきます。

昭和48年の石油ショック、そして翌昭和49年の過激派による「三菱系企業ビル爆破事件」が決定的な打撃を与えました。これは冗談ではなく、爆破テロの警戒から、屋上を閉鎖するビルが一気に増えたのです。また、この時代になると、わざわざ屋上スペースを設けない新ビルも数を増してきました。

屋上を奪われてしまっては、バレーボールはできません。エネルギーを吐き出せなくなった丸の内サラリーマンたちは、身体のバランスを崩して、段々と活力を失い、高度成長経済は衰えていきました。

丸の内のバブル期

昭和50年代の後半（一九八〇年代）に入る頃から、世にいう「バブル景気」の予兆が見られるようになります。これは経済のカラクリがもたらしたような景気で、先の高度経済成長時代のように頑張って働いているわけではないのにナンとなくもうかってしまう、という魔法にかかったような時代でした。

丸の内のサラリーマンたちは「ヤンエグ」という別名をもち、仕事のことよりも、アフター5に催される東京海上のOLとの合コン……のことばかり考えて暮らすようになります。交流の手段も前時代の人たちのように、もはやバレーボールには向かわず、専《もっぱ》ら日比谷に出来たディスコ「ラジオシティー」で、ヒュイヒュイと叫びながらアース・ウインド&ファイヤーを踊る、ということでエネルギーを発散するようになりました。

スーツも、ディスコ映えするイタリアン・スタイルのソフトスーツを選んで、シャツも「ダンスフロアーのブラックライトに発光する」という理由から、一時期もりあがった色モノに代わって、再び白シャツに人気が集まるようになります。

この日比谷のディスコには、早くから「御《お》立台《たちだい》」が備えられ、当時、男性社員よりも活力が勝るようになっていた元気印のOLたちが、競い合って高い所で踊るようになりました。活力、といっても、仕事をバリバリこなす「キャリアウーマン」のタイプはひとにぎりで、彼女たちの多くは「家も豊かで仕事もデキる三菱商事の男を見つけて、いかにサクセスな結婚退社をするか」ということばかり考えながら、御立台上からブラックライトに発光する男たちを、シビアーに鑑別していたのです。ランチタイムは、周辺にちらほらと発生しはじめたバジリコやぺぺロンチーネのパスタが用意された店で、ユーミンの「パールピアス」のアルバムに出てくるOLの気分で、「トレンディードラマ」をきっかけにした恋愛の話に花を咲かせていました。

けれど、こんな平和な時代も長くは続きませんでした。

平成、そしてIT時代へ

昭和の時代が終わり、丸の内OLの教祖がユーミンからドリカムに移る頃、実感としての「バブル崩壊」が訪れました。ほんの少し前なら「キャッ、ナニコレ、キモチワルイ〜」と拒んでいたであろうモツナベなんてものを、みなよろこんでつまむようになったのです。(ま、このブームも一時的ではありましたが……)

ランチタイムには界隈の街頭に弁当屋の露店が現われるようになって、手弁当も見直され、丸の内人たちの生活も多少慎《つつま》しい姿に戻りました。

長引く不況のせいで、三菱系のビルに入っていた小企業がぽつぽつと安い場所に引っ越していって、穴ぼこ状態のビルも増えてきました。明治のなかば、岩崎氏がおこした三菱の大オフィス街も、いよいよ危機の時代を迎えたわけです。

そこで三菱が捨て鉢気味に取った策が、羽振りのいい高級ブランド店とグルメなレストラン、などの誘致です。穴あきのオフィス街のまま死んでいくなら、ファッションストリートにしてしまえ！　ということでしょう。旧都庁跡地には「国際フォーラム」というバブルの残り香的なハイテクビルも建って、このホールで催される洋画の試写会には、どこからともなく叶《かのう》姉妹もやってきます。叶姉妹に引きつけられたわけではないでしょうが、「丸の内」という箔をメリットと考えて、仲通りには「プラダ」や「エルメス」他のブランド店が軒を並べ、「オテル・ド・ミクニ」のカフェも出店してきました。年末には、先達の表参道のお株を奪うように、イタリア仕込みのイルミネーションが通りを飾ります。

ニュー丸の内の震源的なスポットとなっているのが、「丸の内カフェ」という場所です。香港《ホンコン》気鋭の空間デザイナーがプロデュースしたという店内には、アジアン・テイストの家具や装飾品が並び、テーブルにはパソコンが何台も備えられています。

洒落《しゃれ》たカフェ、とはいえ、ウェイターの姿はなく、ドリンクはすべて自販機で購入し、持ちこみのパンや手弁当を食べる、という仕組み。若い丸の内人たちで店内は盛況です。

ところが、盛況のわりには奇妙なほど物静か……会話があまり聞こえてきません。グループでやってきても、500㎖のペットボトルを口飲みしながら、各人黙々とインターネット情報を眺めたり、Eメールの交信に耽《ふけ》っているのです。人はいるのに静閑とした店内に、癒《いや》し系のBGMが流れています。

アールデコ調の窓の外を、かつてバレーボールでならしたような初老社員が、とぼとぼと歩いていきます。

上司が部下を引き連れて、「巨人軍のペナントレースの行方」を語りつつ「おふくろ定食」を食べた――あのオフィス街の光景も、いまは昔の話です。

そして、巨人軍といえば、巨人優勝の折の祝賀記念セールをウリモノにしていた有楽町駅前の「そごう」も、ワンマン会長のバブル経営の破綻《はたん》で倒産し、跡地はなんと〝デフレ時代の象徴〟「ビックカメラ」に変貌《へんぼう》しました。

ビックカメラとプラダが肩を並べる街――ゴージャスと激安志向が混然とする、いまどきの世相をいかにも反映した風景、といえるでしょう。

神保町　古本とスキーショップの攻防

神田小川町から神保町にかけての界隈は、スキー（スポーツ）ショップと古本屋、というまるで性格の異なった二つの業種が軒を並べる、都内でも特異な街並が形成されている地域です。

靖国通り《やすくに》を小川町から歩いていくと、駿河台《するがだい》下あたりまでは、ヴィクトリアをはじめとしたスキーショップの勢力範囲。三省堂の先で道がクネッと湾曲するあたりから、背の低い古本屋がぽつぽつと数を増していきます。

ちなみに中学生の時代、サッカー部員だった筆者は、よくこの界隈のスポーツ店にスパイクなどを物色しにきたものでした。30年前の当時は、まだヴィクトリアの巨大ビルなどもなく、スキーグッズを主体にした店もあまり見られませんでした。

♬スキー　スキー　ヴィ・ク・トォリヤ〜

なんてCMソングが街頭に年がら年中流れるようになったのは、一九七〇年代の終わり頃からです。やがてユーミンのアルバム「サーフ&スノウ」が発売される八〇年代に入ると、毎年冬が来るたびにヴィクトリアやアルペンのビルが1個、2個……と増殖を続け、いまやこの通りを歩くと、たとえシーズンオフでもどこからともなく広瀬香美の歌声が聞こえてくるような、幻聴に襲われます。

ゲレンデの恋をテーマにしたCMソングがリフレインするなか、陽気な店員がシャキシャキとスノボやビンディングをセールスするスキーショップに対して、並びの古本屋の方は、しいんと静まりかえった通夜《つや》のような空気が漂っています。苗場や白馬を舞台にした甘酸っぱい恋の香り、が想起されるスキーショップとは裏腹に、こちら古本屋には、朽ちた古書から発散される枯れた匂《にお》いが充満しています。潑剌《はつらつ》とした若きスキーショップの店員。仄暗《ほのぐら》いカウンターの奥で、いまにもあの世に旅立っていきそうな古本屋の老店主。なんという違い、でしょう。

ただし、人生40年を越えて、折り返し点を廻る年代になると、広瀬香美の歌声から逃れて古本屋のなかに入った瞬間、なんとも癒されたような心地になるものです。

電脳都市アキバ

かつて「電気街」と呼ばれていた秋葉原も、いまや「電脳都市」という呼び名が似合う、いわゆるIT時代のトレンドタウン――の様相を呈してきています。石丸、ヤマギワ、ロケット……一見香港を思わせるキッチュなネオン看板を掲げた家電ビル街の店頭に、「激安!!!」などの売り文句とともに、パソコン、モバイル、携帯電話……といった面々が、いまは「主役」とばかりに表舞台を飾っています。テレビ、ルームクーラー、カラーテレビ、オーディオ、電卓……と、秋葉原の看板役者は時代によって変わってきました。とはいえ、IT商品が本線になったこの街のなかで、いまだ案外と目につくのは、「ラジオセンター」「ラジオ商会」などの看板を出した古風なタイプの店です。

そうです、秋葉原電気街の源は、終戦後のヤミ市に発生したラジオ部品を売る露店、だったのです。昭和20年代から30年代初め頃の邦画を観ていると、「○○ラジオ商会」などのトタン看板が並んだ当時の秋葉原を、たとえば加東大介《だいすけ》あたりが演じる羽振りのいいラジオ商が、新品のスクーターに颯爽《さっそう》と股《また》がって商いに繰り出していく――なんて場面がよく出てきます。（金回りがいいので、愛人を囲っていたりするいまはなき近隣の柳橋や芳町《よしちょう》の料亭座敷で新珠《あらたま》三千代扮《ふん》する女を口説く、といった設定）。ま、現在は「マザーズ株上場系のＩＴ青年実業家が、パークハイアットのＢａｒで女を口説く」というように、役者と品物が変わっただけの話、ですが……。

ともかく、そんなアキバの祖を築いた古風なラジオセンターの類《たぐ》いが、家電ビル街の狭間《はざま》に点々と残っています。屋根の低い、洞穴のような通路に沿って、真空管やコード、端子……電気系に弱い一般人には「ナニに使うのかよくわからない」部品の数々を並べた小店が、奥へ奥へと続いています。

マッチングトランス、ホーロー抵抗、ラグ端子、チップ金属皮膜、接地プラグ変換……品札の字を見ても、ますますよくわからない。秋葉原は、安い日本製品をゲットしにきた外国人観光客が目につく街ですが、電気オタク以外の日本人は、ここに入りこめば「外国人」の気分を味わうことができます。「ブレードランナー」の舞台のような、ひと頃の近未来映画の雰囲気を堪能《たんのう》できる格好の場所、といってもいいでしょう。

ところで、昭和の時代の頃まで、電気街の東隅、JR線路端《みちばた》の一帯に広大な青果市場が存在し、無機的な家電製品と、有機的なバナナやトマト……などとが混沌《こんとん》とした、いっそう不可思議なムードを体験することができました。が、この市場は消えて、現在はスケボー愛好者たちが忍びこんで遊ぶ、屋外駐車場となっています。「やっちゃ場」と呼ばれたこの神田青果市場は、秋葉原に貨物駅があったことから、昭和3年に設けられたものでした。

家電ビル街を歩いていると、商品のCDデッキから流れてくるハヤリのJポップなどに混じって、店のCMソングが垂れ流されてきます。

♬オノデンボーヤが　宇宙をサンポ〜

♬元気いっぱいいっぱいぱーいのラオックス〜

しかし、家電屋のCMソングというのは、先端のIT商品を並べている割に、どうしてこう昔風のタッチなのでしょうか？　ラジオセンターと同じく、ハイテクのなかに所々アナクロな面影を残す、この町の一つの風土なのかもしれません。

もう一つ、家電ビル街の脇道《わきみち》などに、ぽつんぽつんと目にとまるのが「DVDアニメ・アダルト」なんて看板を出した店。これがアキバ流の〝エロビデオ・ショップ〟です。店内を見渡すと、裸のCGキャラクターを描いたパッケージがずらりと陳列され、生身の女性のものは「遺物」のような感じで片隅に追いやられています。

ＣＧ画像の元となる細かい多角形の粒のことを「ポリゴン」と呼びますが、この電脳都市ではアダルトビデオの世界までポリゴンに支配されてしまったのです。

店内では、ＣＧでしかイカなくなってしまった青少年たちが、家電ショップの袋を小脇に抱えて、描かれたキャラのポリゴンの質感を鑑別しながら、商品を物色している光景が観察できます。

揺れる永田町

東京、いや日本全国に数多《あまた》に存在する町のなかでも、ほぼ常時、新聞の一面でその名が語られる町といえば「永田町」をおいて他にないでしょう。

「永田町に動きがありました」

「永田町が揺れています」

こういう物言いがされる町というのも、まず他にありません。

「北千住に動きがありました」

「武蔵小山が揺れています」

となると、これは地震のとき以外にないでしょう。永田町＝日本の政情、を表わす一種の符牒《ふちょう》として認識されているわけです（違うタイプに、（新宿）二丁目＝オカマ、というのがありますけど)。

そんな、動いたり、揺れたり、する永田町の震源となっているのが、国会議事堂、首相官邸、といった物件です。現在の国会議事堂が竣工したのは昭和11年の11月、全て国産の御影石で造られ、ピラミッド風の佇《たたず》まいが印象的な中央塔の全高は66メートルあります。いまだ、東京の観光コースの〝定番〟の座にはあるものの、二〇〇一年、この議事堂を押しのける勢いで永田町に新たなる観光名所が発生しました。

ときのアイドル総理・小泉純一郎を看板タレントにもつ自民党本部、です。建物こそ、少々くたびれた地味な四角型のビルですが、二〇〇一年夏の参院選選挙時には、金日成もしくは金正日を思わせるような巨大な小泉総理の肖像が外壁を飾り、その姿は、よく晴れた視界の優れた日には、遠くお台場の球体展望室からも眺望できた、とされています。

館内の土産物売場には、「シシロー」と銘打たれた小泉キャラクター・グッズの数々が陳列され、一時期は銀座のエルメスと比肩するほどのファンの行列が生じました。

長びく不況を力づくで解消すべく、二〇〇一年の参院選では数々の〝元格闘家候補〟が出馬しました。当選した大仁田議員の後へ続けと、多くの格闘家たちが次の選挙へ向けて、永田町進出を狙っている、とみられます。国会議事堂は〝第二の後楽園ホール〟となり、マッチョな議員たちの重量によって永田町が本当に揺れはじめるのも、時間の問題かもしれません。

NEW TOKYO 23ku MONOGATARI

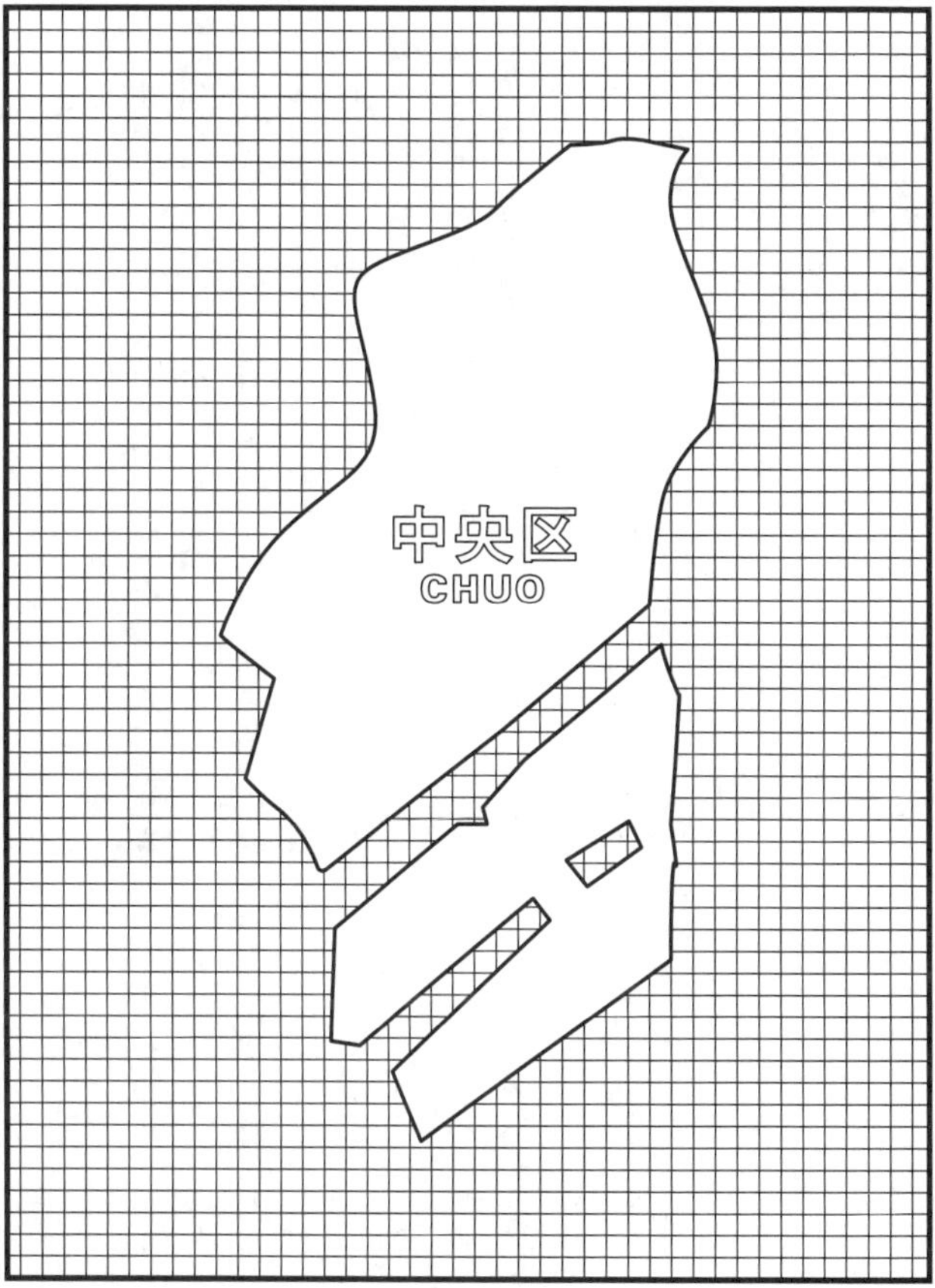

中央区は、東京の……というより日本随一の商業地・銀座を有し、北方に京橋、日本橋と〝大御所〟と呼ぶべき街並が続きます。

銀座の名は、現在の二丁目付近にあった銀貨の鋳造所に由来するもので、これに対して「金座」（金貨鋳造所）というのが日本橋本石町《ほんごくちょう》の現・日本銀行の所に置かれていました。つまり、金属的な〝格〟でいえば、銀座よりも日本橋の方が上、なのです。

銀座、京橋、日本橋を中心にして、そのまわりに馬喰町《ばくろちょう》、横山町などの問屋街、兜町《かぶとちょう》の株屋街、築地《つきじ》の卸売市場……と、商業活動の様々な部分を司《つかさど》るブロックが、配置されています。昭和30年代前期までの地図には、そんな各町を仕切るように水路が縦横無尽に描かれ、「水の都」の風情《ふぜい》がしのばれてきます。

築地のさらに海側に位置する月島、晴海などの地域は、明治から昭和はじめにかけて埋立てが進んでいった、いわば「臨海都市の老舗《しにせ》」と呼べる一帯です。

銀ブラの歴史

いまでこそ〝死語〟と化した感がありますが、二、三十年くらい前までは「銀ブラ」

という物言いが流通していました。イマ風に説明すると――ナニゲに銀座をぶらつくこと。

「よっ、銀ブラとはシャレこんだもんだね」筆者が幼い頃に観《み》た青春映画には、よくそんなセリフを吐く兄《アン》ちゃんが出てきたものです。

岩動《いするぎ》景爾という人が昭和26年に著した『東京風物名物誌』という怪著があります。戦後変貌《へんぼう》した東京の様子を、主だった繁華街の店を中心に、一軒一軒の歴史まで調べ上げてまとめた、厖大《ぼうだい》な情報量の東京案内書――なのですが、これによると「銀ブラ」の由緒《ゆいしょ》は次のように記述されています。

「明治四十二年日吉町（現在の銀座八丁目の有楽町寄り）にフランス帰りの洋画家松山省三によりカフェー・プランタンが出来て薫、荷風、左団次等文士芸能人集まり、そのグループの間にいはゆる銀ブラといふ語も生れた」

ちなみに、その後にこう続きます。

「それ以前にも台湾喫茶店・資生堂・函館館など喫茶店風のものはあったが西欧風のいはゆるカフェーはなかった……」

とありますから、この「カフェー・プランタン」は、最近ハヤリの〝オープン式〟のものの祖、と想像していいでしょう。

銀ブラは当初、こういった文化人たちの間の、いわば〝トレンド風俗〟だったようですが、大正の大震災後、整備された交通網によって銀座に多くの人が訪れてくるようになって、「高級派紳士淑女の遊歩地から一変して全都民の買物と遊楽の街となった。銀ブラの大衆化時代である」――と解説されています。

銀ブラのルートについては、このように記されています。

「どこを歩いてもいいし、中央路併行路横丁いづれもそれぞれ時と気分によって趣があるが、大体西側、それも五丁目から新橋間が戦前は最も歩行者の多い通りであった。今でもこの通りは雑踏するが、有楽町数寄屋橋方面から四丁目に至り、更に三原橋の方に向ふ縦通りの両側の歩行者が多くなったのは戦後の著しい現象である」

この〝縦の流れ〟は、一九八〇年代、日劇跡にマリオンが出来た頃から、いっそう強まった、という印象があります。同じ頃、三丁目の読売新聞社跡地に、先の「カフェ・プランタン」の名にあやかって「プランタン銀座」（デパート）がオープンしました。

正確なことはわかりませんが、銀ブラという言葉、発生の段階ではもしや「プランタン」の〝プラ〟も引っかけていたのかもしれません。

鈴木その子の銀座上陸

昭和30年代に撮影された銀座夜景の写真集や、あるいはその時代の銀座を舞台にした邦画などを、ごらんになったことがあるかと思います。

数寄屋橋《すきやばし》あたりから四丁目の交差点方向をとらえたショットでは、左手に不二家の「フランスキャラメル」の看板、右手に宇宙ロケットを思わせるマツダビルの電光灯、そしてその背後に地球儀をかたどった森永製菓の広告灯が輝いていたりします。他に、「ナショナルキッド」のタイトルバックでも出てくるナショナルの星型広告灯、カゴメケチャップ、ビヤホールのライオン……まだビルの背が低いこともあって、屋上のネオン看板が闇《やみ》の中に浮かびあがり、妙なたとえですが、〝欧州都市の旧市街〟のような美しさがあります。高度成長時代の優良企業が、一等地銀座の夜空を背景に宣伝合戦をやっている、という雰囲気が伝わってきます。

しかし、銀座のこういったネオン看板が目立っていたのも、せいぜい昭和40年代くらいまでで、その後はビルが高層化し、設計や安全上、頂に派手な看板やオブジェを載っけるところは少なくなってきました。いまは、ハイテクなビルの側壁に、〈ＳＯＮＹ〉などと控えめにロゴだけ掲げる、というのが主流です。

そんな、お上品になった銀座を歩いていて、近頃最も目を引くのが四丁目交差点先に忽然《こつぜん》と現われる「鈴木その子」女史の看板であります。輝くような美白顔の巨大看板が通りの前方にヌウッと現われた瞬間、はじめて銀座にやってきた者は思わずその場に立ちすくむ、といわれています。

六本木で産声《うぶごえ》を上げた鈴木その子氏の美容食ショップ「トキノ」は、彼女のマスコミ露出の効果もあって信者を増やし、とうとう銀座に自社ビルを建てるまでに成長しました。このトキノの店内には、美白化粧品やカロリーの低い自然食品、その子ちゃんキャラクター・グッズの数々が取り揃《そろ》えられ、「その子のクローンか……」と思われるような美白肌の店員たちが、みなさまをお出迎えします。また、上階にはトキノ特製レシピの料理を出すレストランがあって、糖尿病食のような淡白な味をしたフルコース料理、を堪能《たんのう》することができます。鈴木その子氏は、20世紀の終わりに惜しくも他界されましたが、肖像看板はそのまま残され、「トキノ」は「ソノコ」と名を改め、いまも銀座の一等地に健在です。

この「ソノコ」をはじめとして、コメを使った化粧品を並べた店、レーザーによる美容エステのクリニック、「全自動人間洗濯機」なるマシンを装備したエステサロン店などなど、銀座界隈《かいわい》には新種の美容産業が続々と進出してきています。また、昭和50年代に原宿や渋谷で起こった「ビームス」や「シップス」などの若者向けの衣料ショップも、購買層の年代に合せて二丁目や三丁目のブロックに軒を並べるようになりました。

七丁目には九〇年代初頭、大阪からヨシモトの劇場（銀座七丁目劇場）が進出してきました。が、これは10年ともたず、撤退していきました。仮にこの劇場が成功していたら、やがて銀座通りにはタコ焼の露店が並ぶようになり、花椿《はなつばき》通りには延々と長いアーケードが被《かぶ》せられ、道往《ゆ》く人々の大方は関西弁を喋《しゃべ》るようになって、あの界隈は「千日前」のような街並に改造されていたに違いありません。

ソノコの巨大看板までは受け容《い》れた銀座も、ヨシモトのコテコテの笑いには拒否反応を示した、ということでしょう。

メゾン・エルメス詣《もう》で

ヨシモトによる「千日前化計画」を阻《はば》んだ銀座の地に、二〇〇一年夏、パリから「エルメスの本山」（メゾン・エルメス）がやってきました。ソニービルの並びに築かれた、ガラスのブロックを積み上げたようなビルの頂には、意匠を模した〃馬上の騎士〃のオブジェが掲示され、玄関前には連日、エルメス崇拝者たちの行列が生じています。

2棟仕立て、4階までのショッピングフロアーには、定番のスカーフやバーキン……をはじめ、変わったところでは〃ロボット犬・アイボ用の革製キャリーバッグ〃なんて品物が、本体のアイボにほぼ匹敵する「￥175000」相当の値札を付けて、陳列されています。

三越などの呉服商から始まった多くのデパートに、いまだ渋い呉服売場が残されているのと同じように、馬具屋が源であるこの店にも、一種の〃御本尊〃のような気配で、伝統的な乗馬用品のコーナーが設けられています。

たとえば、愛馬にごほうびとしてやる角砂糖を容れておく革の小箱――¥10500。やはり、ここを訪れるのには、丸ノ内線などを使って行ってはダメです。自宅から馬に股《また》がって銀座をめざし、角砂糖容れだけ購入し、また颯爽《さっそう》と馬を駆《か》って去ってゆく……これこそが正しいエルメス詣で、というものでしょう。

そして、ここでユニクロの百倍相当の値札を付けたシャツ……などを物色して出てくると、妙に気が大きくなって、道向こうの「GAP」に並んだデニムやスウェットをバカスカ買ってしまう……この〝エルメスのテーマパーク〟は、界隈の店にそういった二次的経済効果ももたらしているようです。

コリドー街のカラス

銀座の朝はおびただしいほどのカラスの襲来によって明けます。というか夜明けと同時に北西の方角からカラスの群れが飛来してくるわけです。銀座にやってくるカラスの多くは明治神宮（渋谷区）の森に寝泊りしているとされており、ここから一部は近場の渋谷公園通り周辺に、そして大方は銀座まで遠征してくるわけです。

襲来の目的は「朝メシ」です。主に外堀通りとコリドー街にはさまれた五丁目から八

丁目にかけてのブロック、このあたりには美味《おい》しそうな残飯を出す飲食店が密集してお

り、グルメ志向のカラスたちの人気のエリアとなっています。

　飛来してきたカラスはまず街路樹の枝や料理店の軒、屋根などにおりたち、舗道に並んだ残飯ゴミを物色します。そしてターゲットを定めると鋭いくちばしで生ゴミ袋を突き破り、なかの残飯をかき出します。熟練したカラスになると、かっちりとしまっているポリバケツのフタを開けて中から生ゴミ袋をひっぱり出すような作業をいとも簡単にやってのけます。というような行程で、舗道にはカラスのかき出した残飯が散乱し、それを①カラス、②ドバト、③スズメの順くらいでつつくわけです。

　また、場所によってはカラスたちが食い散らかしたあとの残飯に人が群がっている、などのほほえましい光景も見られます。これらの人のねぐらは明治神宮ではなく、JR有楽町、新橋駅間高架下やあたりの地下道の隅です。午前九時頃には界隈を清掃車が巡回し、カラスやドバトやスズメや地下道の人はコリドー街から消えていきます。代わって、銀座コリドー街をカラスの襲来があったことなど何も知らずに、コンサバなスーツに身を固めた界隈のOLたちが、いましがたまでカラスが食い散らかしたシメサバが転がっていた通りを往き交います。彼女たちがランチタイムやディナーに「えっコレって私、食べられなぁい」とか「いまちょっとダイエット中だから……」とわがままを言って残した料理が次の朝にはカラスやドバトやスズメや地下道の人たちのお腹《なか》に収まるわけです。

とにします。

欲のデパート　ニュー新橋ビル

新橋は正確には「港区」の領域ですが、銀座の並びということで、こちらで触れることにします。

新橋の繁華街は、俗に烏森《からすもり》と呼ばれる駅西口の一帯。前に記した〝コリドー街のカラス〟の如《ごと》く、小路に続く安い呑《の》み屋に、仕事帰りのサラリーマンたちが連日連夜溜《たま》っています。烏森口の駅前は、そんな酒酔いでゆるくなったサラリーマンを標的に、TV局の街頭インタビュー班がやってくるポイント、としても有名です。

さて、そんな駅前の一角に「ニュー新橋ビル」という、いまやまるでニュ、ニューでない佇《たたず》まいをしたビルが建っています。ここは、終戦後一帯に広がっていた闇市の名残の飲食店街を収容する目的で、一九六〇年代のなかばに建設された物件です。

館内に足を踏み入れてみると、飲食店はともかく、独特なテナントの配置、に驚かされます。金券屋に名刺屋、ハンコ屋、針灸《しんきゅう》マッサージ……おふくろ定食などを食わす店の並びに〈ファッションマッサージ　Dカップ〉なんて風俗店が堂々と看板を掲げています。

つまりこのビルは、界隈のサラリーマンたちの〝俗な欲〟の全《すべ》てを満たすデパート、とてもいいましょうか。隣の銀座で見栄を張っていたサラリーマンが、衣を脱ぎ捨ててガス抜きをする場所――新橋とはそういう街なのです。

市場界隈の人々

銀座から晴海通りを南下し、万年橋を越えると、築地の風が漂ってきます。夏季、東京湾から築地の卸売市場を通過して吹きあげてくる南風で、独特の生臭い香りがします。

このあたりから南の埋め立て地の月島、佃《つくだ》にかけての一帯は、古くからある商店や住宅が目につく地域で、いわゆる絵になりやすい下町風情を漂わせている界隈です。

卸売市場の構内には、市場に荷出しに来た人々のための飲食店街が形成されています。間口の狭い大衆食堂が館内の通路の両脇《りょうわき》に何軒も建ち並び、一瞬、東南アジアのマーケットを思わせるような独特の趣があります。

これらの大衆食堂は、市場に来る商人やトラック野郎たちを対象に営業しているため、朝六時頃に店を開き、昼食時の午後一時前後には店を閉めてしまいます。ここでは、都内の他地域ではお目にかかれない変わったメニューに出くわすことができます。

「アタマライス」。これは、カツ丼《どん》の具の部分と飯の部分が別皿になっているもので、常連の商人《あきんど》たちは、「おばさん、アタマ二つね」といった省略形をつかってオーダーをします。このアタマライスのことを「ハクライ煮」とか「ハクライ丼」といった、気の利いたネーミングで置いている店もあります。

もう一つ、いまでこそポピュラーになった「オムカレー」「オムハヤシ」といったメニューも、この界隈から発生したものです。白米を、オムライスのときに使用するようなタマゴの薄焼き皮で包み、その上からカレーやハヤシをぶっかけた、という代物《しろもの》。そして、そのオムカレーやオムハヤシの傍には、白米の量に匹敵するほどの、おびただしいほどの千切りキャベツがあしらわれます。

セリ明けで気性の荒れた商人たちは、カレーとタマゴの薄焼き皮と千切りキャベツ、そして白米をゴチャゴチャにかき混ぜて、ブイヤベース状になったオムカレーを一気にかっこみます。食欲旺盛《おうせい》な若い衆《しゅ》たちは、これにカツ皿や魚フライの皿をさらに追加して、ひと仕事終えた後のゴージャスなひととき、を満喫します。

市場内の飲食店街には、カウンター造りのカフェもあります。パン食のトラック野郎や仲買人、魚屋の商人といった面々はここに集い、「巨人《ジャイアンツ》の話」をマスターと交わしつつ、ブレンドとトースト、そしてユデタマゴをぱくつきながらのどかなランチタイムのひとときを過ごしています。

なお、市場界隈で古くから飲食店を開いている人々の多くは、隣町の明石《あかし》町や入船に住む隠居生活の老人たちで、午後、店を閉めた後は家に帰って軒下の朝顔やサルビアに水をやって、夕方六時過ぎには眠りにつきます。明石町あたりは明治時代、西洋文明の取り入れ口となっていた地域で、外人居留者たちの住む洋館が建ち並ぶところでした。よって、土地の古老たちは「この町を通過して銀座ができた」といった風な、誇りをもっています。また、その当時は、隅田川から南の埋め立て地はなく、ここから南はただの海でした。よって、月島や勝鬨《かちどき》あたりで老舗面《しにせづら》をして、江戸弁を喋っている古老たちのことを、心の内で差別しています。

ただし、そういう明石町や入船の古老たちの住居は、再開発で次々とマンションビルに建て替わり、聖路加病院の隣に建った超高層ビル（セントルークスタワー）には、築地や銀座から、V字ゾーンの狭いスーツを着た電通マンたちが大挙してやってきました。もはやこのあたりも、ケータイの電波が頻繁に飛び交うビジネス街に侵食されました。

島の人々

隅田川以南の島部で、古くからあった自然島は、佃の一部、旧石川島三角州のみで、一、二号埋め立て地の月島から勝どき三、四丁目までは明治、三号地の勝どき五、六丁目は大正、四号地の晴海は昭和6年に完成した埋め立て地です。

このあたりは戦災から逃れた地域なので、佃島から順に歩いていくと、建築家屋の古さで島の歴史が大まかにわかります。

東京湾の汚染で漁やノリ栽培を営むところは消滅したものの、佃島、現・佃一丁目界隈には、絵になる感じの佃煮《つくだに》店が数軒残っています。それらの佃煮店の前には、観光客意識で訪れた「練馬ナンバーのプログレ」などが横付けにされていて、狭い店内では、佃煮の味などわかりそうもないような山の手ニューファミリー夫婦が、ショーウインドー越しのアサリやハマグリとにらめっこをしています。狭い路地などに入っていくと、軒のスダレの隙間《すきま》から原地の古老たちの「ふん、外来者めが！」という刺すような視線が降りそそいできます。

隣の月島（仲通り周辺）には、「もんじゃ焼き」を食べさせる店が五十軒余りも密集し、浅草、千住、町屋といった他の〝もんじゃタウン〟とくらべて、店舗数では群を抜いています。

浅草、千住、町屋、月島では、作り方の手順、味付け方法などに多少の差異があり、各々《おのおの》「わが町が本流」と張り合っています（尚《なお》、もんじゃについては荒川・町屋の項で詳しく解説しています）。

大正時代に出来上がった月島に続いて、昭和に入って埋立てが完了したのが晴海の一帯です。埠頭《ふとう》近くに設備された国際貿易センターで、昭和30年代から国際見本市や様々な博覧会が催されるようになって、晴海といえば「イベントコンパニオンの棲息《せいそく》する町」というイメージが長らく定着していました。が、いまやイベントコンパニオンたちも対岸の有明（東京国際展示場）や遠く千葉の幕張（メッセ）へと流されて、晴海の地名を聞いても、欲情をもよおす青少年は稀《まれ》になりました。合コンの席上で「元コンパニオン」といわれても、「晴海時代の人」と知れると、もはや評価の対象にはなりません。

コンパニオンたちが踵《かかと》の高いパンプスで歩き回っていた旧博覧会場の一画には、「トリトン」という、青海《あおみ》の「ヴィーナスフォート」を真似《まね》たようなテーマパーク型ショッピングモールが発生しました。どうせやるなら、ありし日のコンパニオンたちの姿をロウ人形で再現したような、博物館の一つでも建設して欲しかったものです。〈晴海コンパニオン、ここにありき〉なんて石標を添えて。

日本橋気質

室《むろ》町、本町、人形町といった、いわゆる日本橋界隈の住民たちには、「お江戸日本橋」に代表される〝ニッポンの中央〟意識が根強く残っています。西の銀座に対して、本石町の日本銀行は「金座」、つまり江戸幕府統率下の金貨鋳造所があったところで、土地の古老たちの間には、銀座より格上の意識があります。

本石町の金座、室町には江戸最大の呉服商・越後屋《えちご》（現・三越）、人形町の大商店街、兜町の株屋、小伝馬町《こでんま》・横山町の問屋街、そして吉原《よしわら》の前身といわれる花街・芳町《よしちょう》と、かつての日本橋区には、現在の都心のエッセンスが集約されていたわけです。

旧日本橋区内の町ぐるみの結束は極めて固く、大手企業や大手大学内には「日本橋会」なるグループがいくつも存在しています。それらの会合は、会員がやっている人形町界隈《かいわい》の料亭やレストランで繰り広げられ、「日本橋だけが東京！」の意識をお互い確認しあいます。

ところで日本橋周辺は、三越、高島屋などの百貨店をはじめ、趣のあるコンクリートの古建築が比較的よく残っている地域です。なかでも最古参は、三越裏の本石町に建つ明治29年建築の日本銀行本館。歴史保存物、のように見える古典的な建物のなかから、いまどきの若い日銀マンやＯＬが出入りしている光景は、ちょっと奇妙なものに見えます。

また、その向かい側の別館に設備された貨幣博物館には、歴代の貨幣、紙幣がずらりと展示されています。料金はタダですが、堅牢《けんろう》な日銀らしく、玄関の自動扉が「開け、ゴマ！」とでも叫びたくなるように、妙にゆっくりと勿体つけたように開きます。

日銀近くの一石橋のたもとには「迷子しらせ石標」なるヘンテコな石柱が立っています。これは安政4年、付近の有力者が建立《こんりゅう》したもので、石柱の右側に「志らする方」左側に「たづぬる方」と刻まれています。つまり、迷子の親が子の風体の特徴などを記して左側の所に張り出すと、心あたりのある者が右側に情報を寄せる——という仕組み(他に湯島天神などにこの種のものがあるようです)。

ま、かつて金座や魚河岸のあったこのあたりが、迷子が多発するほどにぎやかだった……という証《あかし》とはいえ、こんな〝迷い猫探し〟みたいなやり方で、果していかほどの成果があがったのでしょうか……。

クロートの町　馬喰横山《バクロヨコヤマ》

都営地下鉄新宿線の駅に「馬喰横山」という奇怪な名の駅があります。はじめて耳にした人は「バクロ横山」とかいう、ハーフの三流芸人、みたいな人物を想像するかもしれませんが、これは駅に隣接する日本橋馬喰町と日本橋横山町とを安易に合体させた、近頃の鉄道駅によくあるネーミングで、馬喰——の方は、「江戸時代、幕府の馬の世話をした馬飼《ばくろう》たちが住んでいた」という由来です。また、隣の小伝馬町、大伝馬町は、幕府の荷物を地方に運搬する仕事を司《つかさど》る伝馬役——つまりいまの運送会社の人——が住んだ土地で、そんな運送の窓口だったことから、横山町にかけての一帯は古くから問屋街として発展しました。

横山町の通りで目につくのは、ハンカチや靴下の店。馬喰町の交差点に出たところには「エトワール海渡《かいと》」という看板を掲げたビルが、これでもか！とばかりに林立しています。このエトワール海渡は、一見、衣料品や小物の数々を陳列した普通のデパート、のように見えますが、会員の業者専門の問屋なのです。背中に大きなカモとかバラの絵などをあしらった、渋谷で着るにはちょっと決断のいるようなセンスのプリントシャツ……なんかがショーウインドーに飾られていて、ある意味で興味をかきたてられるのですが、ふらりと入っていくと入口の所で警備員に呼びとめられます。

横山町あたりの問屋街で、店頭に出た安い靴下の品札を見て入ろうとすると、傍らにこんな看板が出ています。

「素人《シロート》の方　お断り」

そうか、業者以外のわれわれは「素人《シロート》の方」ってことなのか……。馬喰横山の界隈を歩いている人の多くは、玄人《クロート》さん、なのです。ポン、と肩を叩《たた》いて「よっ、クロート！」と声を掛けてあげましょう（ちなみに不況下の最今は、素人が買えるお得なディスカウント店を兼ねた所も増えているようです）。

人形町趣味

この本ではいくつかの章で〝下町愛好趣味〟について語っていますが、浅草、谷中《やなか》、深川、柴又《しばまた》……数々の人気下町スポットのなかで、「特級」と呼べる地区が、この人形町と神田界隈、ということになるでしょう。

人形町界隈は、隅田川の東がまだ〝田舎〟とされていた頃からの、オリジンの下町、と認められているようなエリアです。もとは水天宮の門前町として栄え、そんな流れから芳町の花街や浜町の明治座などの劇場、料理店が豊富に並ぶ、歓楽的な町並ができあがりました。いまや表通りは、銀座、日本橋から続くオフィスビルに埋めつくされてしまいましたが、一歩路地裏に入りこむと、まだ木造の古典的な町屋の景色も見えて、束《つか》の間《ま》「都心を外れた……」という気分に浸ることができます。

ところで、いまどき「王様のブランチ」とかのギャルレポーターがやってくる人気タウンになるためには、下町でも山の手でも、何らかの「食」が充実していないとダメです。山の手城南地区の場合は〝イタリアの三色旗〟が立った店、中央線沿線の場合はラーメン、といったウリネタがあるように、人形町の場合はいわゆる〝ニッポンの洋食〟系の店が粒を揃《そろ》えています。ビーフカツ、シチュー、ポークソティー、オムライス、ハヤシライス……といった布陣をラインナップしている店。「キラク」「芳味亭」「蓬萊亭《ほうらい》」といった名店はともかく、このあたりで「オムライス、メンチカツ……」などの看板を出されると、味の保証はなくとも思わず吸い込まれてしまうような魔力はあります。

また、甘酒横丁界隈の粋《いき》な呑《の》み屋の一軒でも知っていると、それだけで「東京の盛り場の全《すべ》てを知り尽してココに収まった男」というような箔《はく》が醸《かも》し出されます。なんというのか、たとえば「梨園《りえん》の人」というだけで、ある種のコンサバ女がグッとくるような、そんな効力が「人形町」の響きには潜んでいるようです。

ちなみにこの甘酒横丁の一画にあるタイヤキの名店「柳屋」には、ロボットのように日がな規則的な動きでタイヤキを焼き続ける名物職人が存在します。

NEW TOKYO 23ku MONOGATARI

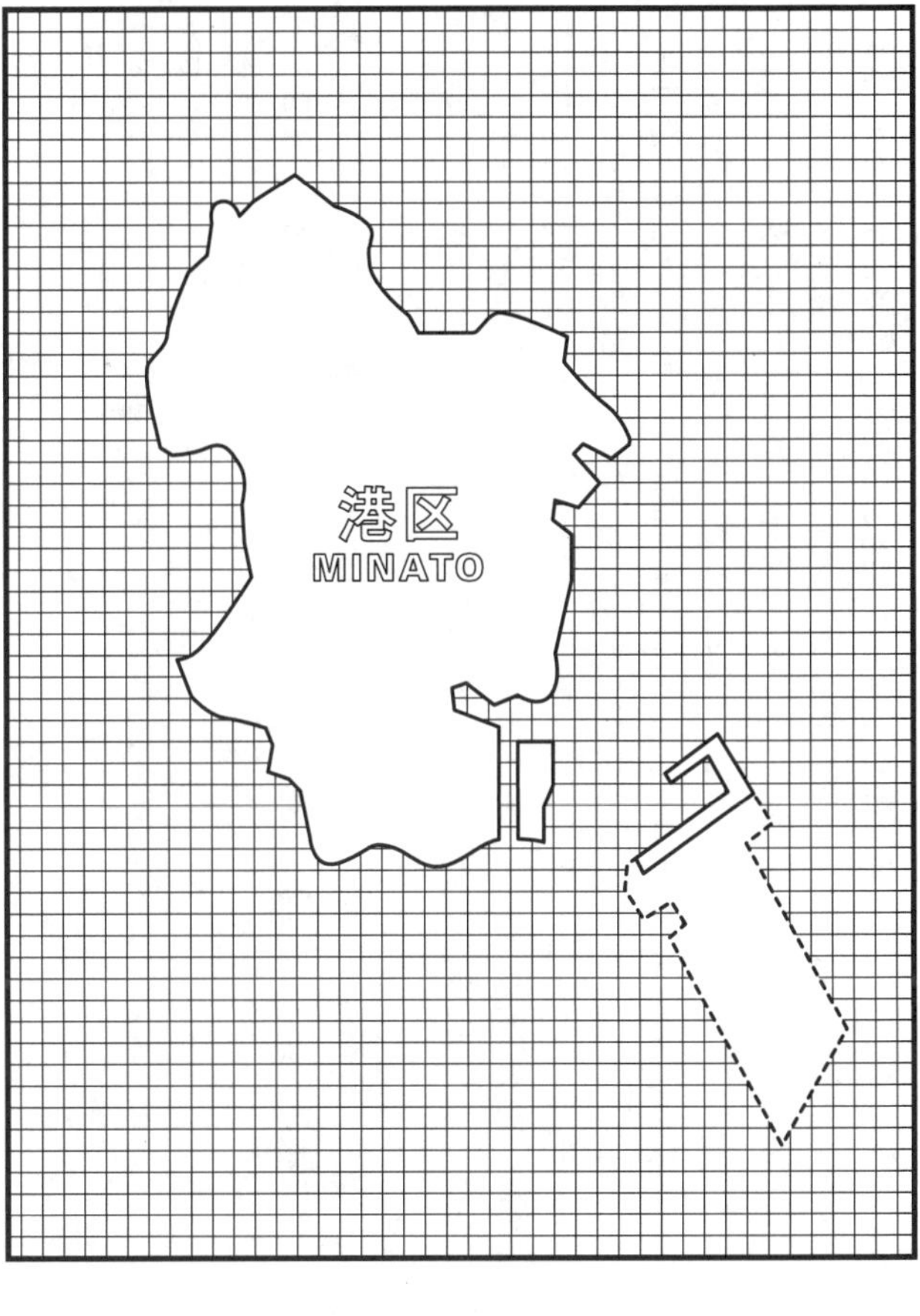

港区は戦後、23区制が施行（昭和22年）されるときに、それまでの赤坂区、麻布区、芝区が合併して発生した区です。

いまの六本木通り（高速3号線）より、ほぼ北側の地域が赤坂。六本木通りから海側に向かって、高速2号線が走る古川沿いまでが麻布。さらに南の白金《しろかね》、三田、高輪《たかなわ》、そして芝公園、浜松町にかけてが芝。おおまかにいうと、そのような区分けになっていました。

いわゆる、みなさんがイメージしている港区は、かつての麻布、赤坂区を中心にして芝区の白金、高輪あたりを収容する地域です。港区と言っても、東海道線の東側、芝浦運河の付近には、40年ほど前までダルマ船の中の三畳ほどの部屋で生活を送る「水上生活者」と呼ばれる家族が千世帯くらい存在していました。

そんなダルマ船が浮かんでいた芝浦運河の周辺に、一九八〇年代後半のいわゆるバブル景気の頃、〈ウォーターフロント〉なる謳《うた》い文句の下、バーやディスコ（現・クラブ）がぽつぽつと発生し、六本木に飽きた若者たちの新たなアソビ場として、脚光を浴びるようになります。が、その後、〝沖〟に出現したお台場に客を奪われて、芝浦ウォーターフロントは、またもとの寂れた倉庫街の光景に戻りつつあります。

ここでは「六本木」を出発点に、港区のアソビ場の変遷《へんせん》を解説していきましょう。

六本木の発達

港区を港区たらしめたる最大の要素は、「外人が多い」ということです。

たとえば、いまの六本木、赤坂の街並みをそのまま残しておいて、外人という外人をすべて国外に追放してしまったとき、はたして港区は今日の栄華を保つことが可能でしょうか？　それは、はなはだ難しい問題です。

まず、見映えの良い外人家族の密集率でもっている広尾の街は、中野までは落ちないにしても、せいぜい吉祥寺サンロード商店街クラスのものに格落ちすることでしょう。

そして、街並みから、横文字と数字が消滅したら……それを考えると恐ろしくて筆も進みません。現在の「栄華きわめる港区」をつくったのは、徳川家康でもなければ、太《お》田道灌《おたどうかん》でも楠公《なんこう》でもありません。ほとんど90％、外人さんのお陰なのです。

麻布地区は戦前から各国大使館街として栄えましたが、そういった「外人の地盤」のある地域に、終戦後、米軍の本部＝ハーディー・バラックスが発生した点にあります。

港区赤坂九丁目（旧赤坂檜《ひのき》町）、言わずもがな数年前まで、防衛庁のあったところです。戦前は、陸軍の赤坂第一連隊の所在地だったところが敗戦と同時に米軍に接収され、いわゆるGHQ（進駐軍）のアメ公たちが棲《す》みつきました。そして、そういったワガママなアメ公たちのためのバーやカフェが付近に建ち並び、その頃より徐々に今日の六本木が形成されはじめたわけです。

昭和の30年代に入ると、GHQまわりをしていた日本人バンドのメンバーやそれを取り巻く当時の金持不良学生、芸能関係者らによって、野獣会と呼ばれる結社が結成され、バーガーインやニコラスなどを根城に、いわゆるメジャーなアソビ人グループの原型ができあがります。

野獣会に代表されるアソビ人グループがパワーを持ちはじめるのは、モータリゼーションの波が押し寄せる30年代後半からです。この頃になると彼らはオースチンやフォード、トライアンフ、フェアレディなどのオープンカーを手に入れて、キャンティに溜《たま》ったあと夜更《よふ》けの横浜、湘南《しょうなん》方面へと繰り出すようになります。

六本木キャンティ前の路上の斜列駐車は、この時代に確立されたものとされています。

さて、六本木の風景が著しく変化するのは、昭和40年代に入り、都電が撤去され、首都高速道路が六本木通りをふさいでからのことです。

交差点付近の雰囲気は一変し、六本木通り、外苑《がいえん》東通り沿いには地上8〜10階建ての、いまでこそ高層ビルとは呼べませんが、40年代前半にしては、かなり高いクラスのビルが林立するようになります。

GS（グループサウンズ）ブームに乗って出現したゴーゴー喫茶は、40年代の後半になるとディスコティーク（ディスコ）と呼ばれるようになります。

ちなみに「ディスコ」と名乗った最初の店は、昭和43年、赤坂の「ムゲン」、隣りに出来た「ビブロス」とされていますが、まだ初期のディスコは、ゴーゴー喫茶時代の流れをくむ〝日本人バンドやフィリピンバンドの演奏にのせて踊る〟店や、ジュークボックスを音源にしたスナック風の店が多く、なかには、靴を脱いで上がった絨毯の床で座敷宴会の如くダンシングする……といった奇妙な店も見られました（俗に〝ジュータンディスコ〟と呼ばれた）。

DJが廻すお皿を音源にした、いま風のディスコ（クラブ）が普及していくのは、「カンタベリーハウス」チェーンが出現する昭和47年頃。この頃から、夜遊び＝ディスコ、というような等式が定着するようになります。

命のチークタイム

少なくとも七〇年代（昭和50年代前期）までのディスコには、〈ショータイム〉と〈チークタイム〉という、二つの山場が設定されていました。

前者は、別にプロのダンサーのショーが催されるわけではなく、主に、常連客のなかの踊りに長けた者が、「ダンス天国」などにノセて、後年の〝ブレイクダンス〟風の曲芸じみた舞踊を披露し、それを他の客たちが取り巻いてハヤシたてる、といったひととき。これは、当時放送されていた「ソウルトレイン」(東京12チャンネル)に影響された現象、と思われます。

さて、そんなショータイムのコーナーがあって、ＤＪの選曲はアップテンポのものから徐々にミディアムへとスライドし、その後フロアーのライトが落とされて、いよいよ〈チークタイム〉へと至ります。

ディスコで催されるパーティーなどの場合、このチークタイムの前までに、いかに女子の目星をつけ、パートナーの交渉を成立させておくか（つまりナンパ）……ってことが〝最重要課題〟となるわけです。当時の若者たちは、ＤＪの選曲がミディアムテンポ系に移行する頃からモチベーションをぐっと昂め、晴れて交渉に成功した折には、ガップリ四つに組んだチークタイムに命を賭けて、女子を口説きおとします（ま、そのまま「シャンテ赤坂」あたりへしけこめれば◎、電話番号聴取までで○、ってとこですが……）。

ちなみに、ガップリ四つに組んでいるときに流れるチークの定番曲は、「青い影」（プロコルハルム）、「誓い」「愛がすべて」(スタイリスティックス)……といったナンバーで、これらの曲は、その時代のストリップ劇場の山場でもよく流されました。

トラボルタ来航

昭和53年、映画「サタデーナイト・フィーバー」を引っ下げて、ジョン・トラボルタが六本木に上陸すると、六本木三丁目のスクエアービルの周辺部はますますもって活気を見せはじめます。

右手を高く天にかざし、骨盤を左右に大きく振動させながら踊るトラボルタ・スタイルは、遠く新宿の歌舞伎《かぶき》町あたりにも飛び火し、六本木と新宿を寸断していた文化の壁が、このとき崩れはじめました。以後、次の年の夏にかけて一気に歌舞伎町に棲息《せいそく》していたハーレムパンツの高卒アソビ人たちが、港区の牙城《がじよう》・六本木に押し寄せ、ハーディー・バラックスの築いたエキゾティックなムードは俗化の一途をたどるわけです。

この俗に言うフィーバー革命は、海の向こうの新島にまで飛び火し、昭和53年と54年の夏は相模《さがみ》や荒川沖から避暑に訪れた甚兵衛《じんべえ》ルックのヤングたちが、右手を高く天にかざしてビージーズやアラベスクに乗せて踊るシーンが、新島の海岸で頻繁に見うけられました。

カフェバーのなりたち

めくるめく歌舞伎町化に歯止めをかけようと、昭和56年夏に西麻布交差点付近にレッドシューズというバーが設けられました。

ビルの傍のわかりにくい階段を降りていくと、小ざっぱりとした扉があり、それを押すとカウンター。そして天井にはシーリングファンがまわり、ＢＯＳＥのスピーカーが二基。

この形式のバーを、後に民衆たちはカフェバーと呼ぶようになりました。初期のカフェバーが、みな駅から五百メートル前後離れた不便な地域に設置されたことから、以後、カフェバーというものは、道順のわかりにくい路地裏や、住宅街の一画などに、できる限り目立たぬように建設することが常識となりました。

カフェバーの波及により、六本木のアソビ場は、六本木駅からロアビルにかけての中心部から、四方八方に散在するようになります。今日の西麻布や飯倉《いいぐら》は、そういった政策により息をふき返した地域と言えるでしょう。

なお、西麻布交差点付近には、当初、地下鉄日比谷線の駅設置の計画があったのですが、住民の反対運動により取りやめになってしまった、というエピソードがあります。

もし仮に「西麻布」なり「霞町」なりの駅が発生していたら、今日のような形での繁栄は成立していなかったことでしょう。東武伊勢崎線に相互乗り入れしているような地下鉄の駅のそばに、クイーンアリスみたいな仏蘭西《フランス》料理店は、おそらく発生しなかったはずです。

ボディコン族の興亡

西麻布で発生したカフェバーが隆盛をきわめていた昭和59年、トラボルタ来航以来のブームに衰えが見えはじめていたディスコ界に救世主が現われます。それが麻布十番に出現した「マハラジャ」です。

一見、ひと昔前のGS衣装、ミリタリールックを思わせる制服を着た美男店員たちが店を仕切り、服の色合いから彼らはじきに「黒服」と呼ばれるようになります。マハラジャ派のディスコの風習の一つに、門前に立った黒服による「服装チェック」というものがありました。オシャレな店内のムードにそぐわない格好をした者をハネのける、という厳しい戒律です。当時、男性客の正しい服装とされていたものは、ジャンニ・ヴェルサーチを筆頭としたイタリアン・ブランドのソフトスーツの類《たぐ》い。その格好をした有名人と歯医者は、VIPルームという特別な部屋に通されて、跪《ひざまず》いた黒服にタバコの火をつけてもらったり、フルーツをふるまわれたりの、厚いもてなしを受けました。

ＶＩＰルームの窓越しには、ダンスフロアーの御立台《おたちだい》が望めます。昭和60年代に入る頃から、小高い御立台の上にピチッと身体《からだ》にフィットしたミニ丈のスーツやワンピースを纏《まと》った女子たちが上って、派手な踊りを見せるようになります。彼女たちが世にいう「ボディコン」です。

ボディコンは、当時バナナラマとかカイリー・ミノーグとかいう素性の知れない女性シンガーが歌っていたユーロビートというサウンドを好み、踊りながら興奮してくると、ヒュ〜とかヒェイ〜とかの奇声を発するのが特徴です。ボディコンは躍進するマハラジャ・グループの地方出店とともに、全国各地に勢力を広げ、平成の年代に入ると、東京での拠点は芝浦に出来た「ジュリアナＴＯＫＹＯ」という店に移ります。ここで扇子という日本古来の小道具を手にして、パラパラという細かい振り付けの舞踊を見せる一派も現われます。晩期にはボディコンの衣装はよりエスカレートして裸に近いものとなり、御立台の彼女たちの肢体をカブリツキで眺めにきたという男性見物客も増えて、ストリップ劇場に近い状況を呈します。女子のレベルも徐々に低下し、ジュリアナ閉店をもって、ボディコンは滅亡します。

カラオケボックス爛熟《らんじゅく》

昭和60年代に入る頃から、それまでの中高年向きのカラオケスナックとは違った、ポップスやニューミュージック系のナンバーを中心に揃《そろ》えた店がぽつぽつと見られるようになってきます。店内の小さなステージには演出としてスモークがたかれ、お客の唄《うた》うアン・ルイスや杏里《あんり》のナンバーに合わせて、ディスコと同じような黒服店員がホイッスルを吹いたり、タンバリンを叩《たた》いたりして盛りあげました。

そうやって、ようやく若者向けのカラオケスナックが根づきはじめた頃、地方都市の農村部の娯楽施設として発生したカラオケボックス（岡山が発祥とされている）が、東京にも進出してきます。平成時代に入ると、芝浦の「ジュリアナTOKYO」などの何店かを除いてディスコ産業は衰退の方向に向い、ディスコ・デパートといわれていた六本木のスクエアービルの各階も、あっという間にカラオケボックスに姿を変えました。人々がモツナベを突つきはじめた頃から、二次会は踊りに行くのではなく、唄いに行く、ようになったのです。

ボックスの登場によって、歌唱の取りくみ方も変わりました。当初のカラオケスナックでは、見ず知らずの他《よそ》の客にもパフォーマンスを披露する、という目的があったものが、ステージもない、仲間内だけの密室では、そういう「見せる意欲」が失われていきます。とりわけ、スナック経験のないボックス・デビュー組の若い客は、自分のために唄う、個人的な〝ボイストレーニング〟のためにやってきた……という意識になっているようです。

クラブと夜お茶

大箱のディスコに衰えが見えはじめた頃、西麻布や渋谷、三宿、下北沢……といった地域に、雑居ビルの小さな一フロアーだけのダンスクラブがぽつぽつと発生するようになります。派手な装飾品も御立台のような物件もなく、フラットな床に簡素なテーブルやイスが雑然と置かれ、同じフロアーの片隅でＤＪがヒップホップやレゲエのお皿を廻している——もともと初期のディスコはこういった安っぽいものだったわけですが、その種の店を愛好する新世代たちは、ゴージャスになりすぎたディスコと差別化する意味もあって、俗に「クラブ」と呼ぶようになりました。

じきに「ディスコ」という言葉自体がいい恥語化して、ディスコ的な店としてスタートした六本木の「ベルファーレ」なども近頃は「大箱クラブ」なんて称されているようです。

また、「クラブ」を銀座あたりのホステス在の「クラブ」と区別するために、踊る方はクラブと「ブ」にアクセントを置いて発するやり方がありますが、当の若い世代の方はもう普通に「クラブ」と言ってたりもします。オヤジが「クラブじゃないよ、クラブってんだよ、若いもんが行く方は……」などと、ムリに若者イントネーションで解説している場面は、とても見苦しいので注意しましょう。どっちでもいいじゃないですか、そんなもん。

一方、二次会のカラオケ流れにもそろそろ飽きてきたという女子たちの間で、平成の10年代あたりから脚光を浴びてきたスポットが俗に「夜お茶のできる店」といったところ。西麻布の青山墓地への入り口のあたりとか、広尾の天現寺橋の周辺であるとか、繁華街からやや外れた一画に発生しやすいのが特徴で、エスプレッソ・マキアートを飲みながら、中折れ型携帯電話のパネルを中毒患者のように叩きつつ、ハズレの合コンの男たちの悪口などを肴《さかな》に暇をつぶします。ワイン（主に赤）を取り揃えた店も多く、葉巻をくゆらせてる気障《きざ》な青年実業家風が必ず一人、います。

青山墓地というオアシス

東京オリンピックによって大変貌《へんぼう》を遂げた青山のなかで、唯一《ゆいいつ》、昔からまるで変わらないスポットがあります。青山墓地、です。明治7年、谷中、染井、雑司《ぞうし》ヶ谷《や》とともに開設されたこの古い墓地には、大久保《おおくぼ》利通《としみち》、犬養毅《いぬかいつよし》、乃木《のぎ》将軍、尾崎紅葉、国木田独歩《どっぽ》……ら数々の名士の骨が埋まっています。草深い環境柄、野鳥や昆虫も豊富で、表のビル街からここに一歩足を踏み入れただけで、奥多摩にハイキングに来たような気分を味わうことができます。

また、この草深い場所は、夜間、西麻布界隈《かいわい》のバーで口説いた女にテコ入れを加える格好のポイントとして、ラブハンターたちにとっても掛けがえのないものとなっています。「国木田独歩の墓の前で、やんごとなきことをいたした」なんて輩《やから》も、いるに違いありません。

お台場の源

「お台場」という観光地が、いったい何区に属するのか、把握している方は案外少ないのでは……と思われます。

通称・お台場といった場合、いまは芝浦側からレインボーブリッジを渡ってきた埋立島の一帯――というのが漠然としたイメージでしょうが、町名区分上は、これがややこしく分かれています。

フジテレビやホテル日航、海浜公園のある、首都高湾岸線北側のブロックは町名も「台場」でここは港区。が、ゆりかもめの軌道がぐぐっと曲折した西側、船の科学館の建つ潮風公園の一帯は品川区の「東八潮」。そして湾岸線南側、パレットタウンや東京テレポートのある「青海《あおみ》」は江東区の領分、という風になっています。

つまり、海浜公園のビーチを散歩して、フジテレビの球体展望室に上り、ふと忘れていた「船の科学館」で笹川《ささがわ》良一がおっ母《か》さん背負ってる銅像でも拝んで、しめにパレットタウンの〝愛の観覧車〟で抱擁する——なんていうコースを歩めば、港、品川、江東の3区を股《また》にかけたデート、が成立するわけです。

とはいえ、正真正銘の「台場」の部分を、すでにトレンドのコマをいくつも持っている「港区」が取る、というのはなんとなくズルいですよね。車番が「品川」になるこのブロックに、フジテレビが移ってきたというのも、どうにも小賢《こざか》しい。コマに恵まれていない「江東区」に全《すべ》てやっちまえよ！　とも思うのですが、古い地図を調べてみると、以前から東京湾の領分はこのあたりで3区に仕切られていた、ということがわかります。

ところで、いまや「台場」の名の根拠を知る人も少ないかもしれませんが、球体展望室やホテル日航のテラスに立ったとき、レインボーブリッジのたもとに見える小島——あれが本来の「台場」というものなのです。現在は、第三台場と第六台場しか残っていませんが、以前は品川の沖にかけて六つの台場が存在していたのです。

台――とは砲台のこと。話は遡《さかのぼ》りますが、一八五三年、ペリー艦隊が浦賀沖に来航した折、「もしや江戸を攻撃されるのでは……」と怖《おそ》れた幕府が、防衛のために焦《あせ》りまくって造りあげた砲台の砦《とりで》、なのです。全国から人夫をかき集め、高輪の台地を崩して突貫で埋立てたもので、作業を早めるために崖《がけ》の土中に金を埋め、掘りあてたものに与える――なんて策を出した、という逸話もあります。

つまり、ペリーが来なければ鎖国は解けず、デートスポット・お台場も存在しなかった、といえるでしょう。観覧車のなかで愛を囁《ささや》くだけでなく、海浜公園の端から堤防でつながった第三台場に、たまには足を運んでみてください。いまも、砲台の残骸《ざんがい》が保存されています。

観覧車の流儀

お台場デートの目玉、となっているパレットタウンの観覧車――の乗車法にも、いくつかのスタイルが存在しています。週末の夜などに、行列に並んでつぶさに観察していると、カップルの成熟の度合いをはかることができます。

(1)お見合い型

知り合ってまだ浅い番《つがい》たちに見られる形です。行列に並んでいる段階から、男子の切り出す話題はぎこちなく、日が暮れる前に寄ってきたフジテレビ見学フロアーで見た「食わず嫌い王決定戦」の歴代データ（藤原紀香《のりか》ってメザシが苦手なんだよねぇ……）みたいなネタが主流となります。時折、会話は行きづまり、「けっこうこれでも流れい い方だよねぇ」などとタクシーの運転手みたいなことを呟《つぶや》き、女子の退屈を紛らわすのに必死なところが見受けられます。

当然、この場合、観覧車の席は畏《かしこ》まって向い合せに座るしかありません。「ビューティフルライフ」でキムタクと常盤貴子《ときわたかこ》が並んで座ってキスへと進もうとする、ちょっと古いドラマの話などを振りながら、その後の十数分に賭《か》けます。もう少し上に来たら……と躊躇《ちゅうちょ》しているうちに、お見合い状態のまま、あっという間に観覧車は一回転してしまうのでした。

(2)横並びA型

行列の段階から、ここに勝負を賭けてきたという熱がひしひしと伝わってきます。暇つぶしの会話も「食わず嫌い王決定戦」のようなTVネタから、もう一歩踏みこんだ内面的な人生相談の類いにステージアップし、観覧車の乗り口が近づくにつれて、ちょっとしたきっかけで男子の手先が女子の身体に触れるような、ボディランゲージの行動が頻繁に観察されるようになってきます。

さて観覧車を前にして、女子は一応向い合せの席につくポーズをとるものの、この段階まで到達できれば、男子がすっと差しのべた手に磁気を感じたかのように、すんなりと女子は横並びの席に収まりこむはずです。

(3)横並びB型

A型よりもいっそう打ちとけたスタイル。このステージまでくると、観覧車の扉が開くや否《いな》や、さも当然とばかりに横並びの席に収まります。A型では、車内での接吻《せっぷん》が究極の目標となりますが、ここでは〝その上〟をめざします。観覧車内である段階まで身体を温めておいて、眼下に見える日航やメリディアンなどのホテル（ときに愛車）へいかにスムーズに滑りこむか……つまり、前戯としての観覧車利用、ということであります。

効く夜景の見えるポイント、他車から死角に入る位置や時間……などは全て計算ずみで、なかには毎夜8時30分、東方浦安舞浜上空に上がるディズニーランドの花火——を、効果的に利用する者もいます。

とはいえ、マラソンや競馬と同じで前半ペースを上げすぎて最後までもたなくては意味がありません。車内で温めた女子の身体を、数百メートル先の日航やメリディアンのロビーまで冷まさずに運びこめるか——むしろ、勝負はそこから、といえます。

(4)いきなり型

もはや馴《な》れ合った仲。扉が開くと同時に、横並び段階を飛び越えて座席に倒れこみます。あっという間に彼らの姿は窓下に消えて、もう外から確認することはできません。この段階では、観覧車は前戯でなくゴールなのです。ビルの夜景もディズニーランドの花火も関係ありません。

先に記述したとおり「観覧車」（パレットタウン）のある場所は「江東区」の領域なのですが、「台場」の流れで「港区」で解説しました。江東区のみなさん、すいません。

シロガネーゼモドキの生活

白金は古くからおちついたお屋敷町だった地域ですが、青山のようなこれといったショッピングストリートがなかったことから、ファッション雑誌などでとりあげられることのない、地味な印象を保っていました。

ところが一九八〇年代に入る頃から、目黒通りの白金台T字交差点から天現寺方向へ抜ける外苑西通り沿いに、洒落《しゃれ》たレストランやブティックがぽつぽつと発生し、またこの区間の路面は美しく発光するコンクリート舗装だったこともあって、原宿あたりのロケ地に飽きたマガジンハウス系のカメラマンたちがモデル撮影などに盛んに利用するようになります。やがてこの通りは俗に「白金《プラチナ》ストリート」と呼ばれるようになって、高級コマダム雑誌「VERY」が、周辺の邸宅や億ションに暮らす若い主婦たちに〈シロガネーゼ〉の名を与えて以来、白金の地名は東京屈指のオシャレタウンとして、全国的に浸透します。

しかし、いわゆるシロガネーゼ的な白金というのは、白金台から白金二、四、六丁目にかけての南部の一帯で、恵比寿《えびす》に抜けるバス通り（三光町商店街）から北方にかけては、なんとも庶民的な町並が広がっています。四之橋《しのはし》に抜けるひなびた商店街には、コロッケを立ち食いできるような荒川区的な肉屋があったり、古川沿いの一帯には「螺子《ねじ》」などという古い字遣いの看板を掲げた金属部品の町工場が密集していたりします。

このあたりの町工場も段々とライオンズマンションなどに建て替わって、そういった所に「白金」の名に魅《ひ》かれた若い主婦たちが移り住むようになりました。彼らシロガネーゼモドキたちは、日常、サンダル履き姿で四之橋近くの安い肉屋や八百屋で買い物をし、遠くから友人が訪ねてくるときだけ、一張羅のマックス・マーラに着換えて、こっそり山を越えプラチナストリートのカフェで待ち合わせをします。

——リカコ、いいとこ住んでるわよね。

——ううん、でもお野菜とか高くって、けっこう暮らしにくうい……

と、さも近所の邸宅街に暮らしている風を装《よそお》いつつ、「杉ノ木屋」などの高級スーパーに寄る振りをして、友を撒《ま》いて、またこっそりと山を越えて古川沿いの家路へと帰りつきます。

実際、白金の邸宅に暮らすシロガネーゼ……なんていうのは、ほぼ幻想のキャラクターで、大方はこういったシロガネーゼモドキ、と考えていいでしょう。

㊟〈シロガネーゼ〉とはいえ、本来の町名は「シロカネ」が正解。ま、シロカネーゼとすると、カネがないマダムみたいな印象になってしまいますが……。ちなみに新宿区の神楽坂近くに「白銀（シロガネ）町」というのが存在します。

NEW TOKYO 23ku MONOGATARI

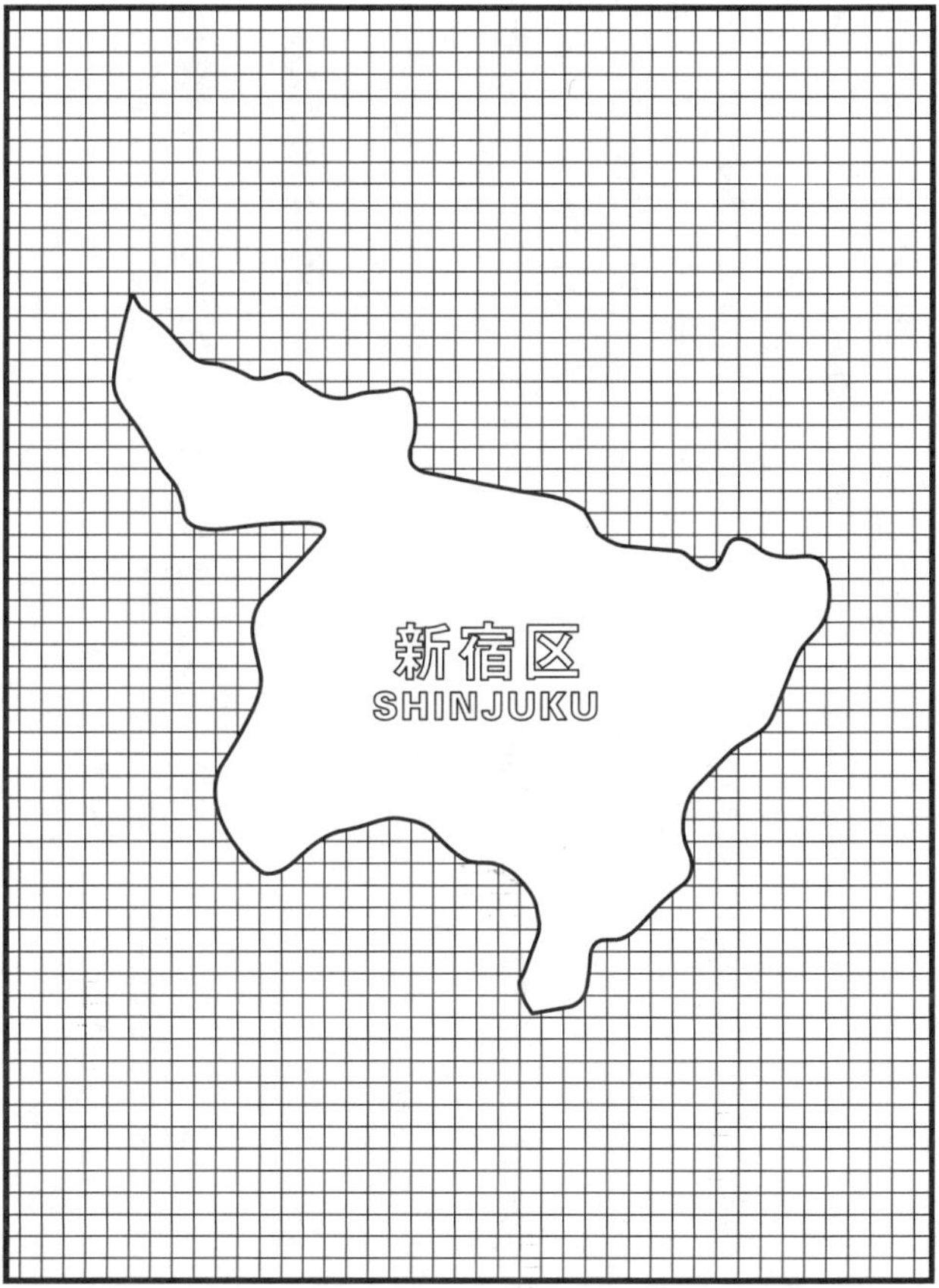

新宿区は一見〝横から見た犬〟のような形状をしています。その犬の心臓のあたりに位置する新宿駅周辺、頭の部分の落合、お尻《しり》の牛込・市谷という順で解説していきます。

歌舞伎町《かぶきちょう》の人々

新宿区の中心地・新宿は、ほぼ北へ行くほど町並がめくるめくディープになっていく地域です。

まずは東口に出て「アルタ」の横を北進し靖国《やすくに》通りを渡ると、歌舞伎町の領域に入ります。「歌舞伎座」もないのに何故《なぜ》歌舞伎町か？　それは、現在コマ劇場が建っているところに、戦後「歌舞伎座を誘致しよう」という話が持ちあがった、ことに由来します。結局、「新宿に歌舞伎は馴染《なじ》まない」と松竹に断わられて、話は立ち消えになりました。仮に、本当に歌舞伎座が存在していたなら、今のような〝風俗看板ギラギラ〟の町並みにはならなかったことでしょう。

コマ劇場に向かうタテの筋のなかでも、とりわけ風俗店が密集しているのが「さくら通り」と呼ばれる筋。たとえば、コマ周辺の劇場にトム・クルーズやメグ・ライアンの映画を観《み》に行くデート・カップルが、途中「巨乳ヘルス・Fカップエンジェル」とか「女子高生コスプレ・桃尻っこクラブ」とかの看板と、あたりに佇《たたず》む呼びこみのオッチャンのなかをすり抜けていく——なんてアプローチは、東京の他の町ではちょっと見られません。

朗らかなカップルと、その筋のオッチャン、風俗店を物色する挙動不審な単身男……とが混沌《こんとん》とした光景というのは、ある種〝大阪的〟です。関西から東京に出てきた人間が、割合と新宿を好むのは、こういった環境に由来するのかもしれません。

コマの東側から区役所通りにかけての一画には、「10円ゲーム」（本当は10円では済まない）とか、サクランボなどのフルーツの看板をひっそりと掲げた怪しいゲーム店がぽつぽつと建ち並び、通りをさらに北進し「バッティングセンター」を越えるあたりから、古いスタイルのラブホテルやハングル文字を記した飲食店などが目につくようになってきます。ラブホテル街の谷間の、昼なお仄暗《ほのぐら》い公園には、ひと頃、セーラー服を着て白塗りの顔で自転車に股《また》がった、奇妙なオバサン（オジサン説もアリ）が出没していました。

さらに北へ進むと、やがて職安通りにぶつかります。この職安通り沿いの雑居ビルには「性病科」の看板を出した病院などもあって、ふと土地情緒を感じさせます。

百人町絢爛《けんらん》

職安通りを渡ると百人町の領域に入ります。百人町側の沿道で目につく物件といえば、巨大な「ドンキホーテ」と韓国料理の店でしょう。このあたりの韓国料理店は〝焼肉〟よりも、参鶏湯《サンゲタン》をはじめとする家庭料理をウリモノにした店が主流で、店によっては「日本語がまるで聞こえてこない」ところも少なくありません。

周辺のスーパーには、肉のセンマイとか本格的なキムチ、韓国名物の〝塩ノリ〟なども、さも当然とばかりに並んでいます。狭い路地を北進していくと、いよいよハングル文字の看板しか見当らなくなって、「ココはドコ？」感が強まってきます。先に新宿を大阪にたとえましたが、大阪のミナミはさらに南へ行くほどディープになっていくのに対して、こちらは逆です。

そうして、新大久保駅の南側に架かる小さなガードのあたりまでやってくると、韓国や中国系の人に加えて、ロシアにプエルトリコ……よくわからない国の女性がぽつぽつと道端に佇むようになってきます。著者は一度、その界隈《かいわい》で彫りの深い女性に「アソビ、シマセンカ？」と声を掛けられたことがあります。もうここまでくると、「ココはドコ感」に「ワタシはダレ感」まで加わって、わけがわからなくなってきます。果して無事に、新大久保駅まで辿《たど》り着けるでしょうか……。ちなみに近くの専門学校の女子学生も、道端で立ちタバコをしていたりするので、一瞬そっち系のヒトか……と見間違ったりもします。

道端の電話ボックスはKDDIの灰色のものばかりになって、ラブホテルの玄関口には〈外国人お断り〉という奇妙な文句が目につくようになってきます（外国人お断り、と日本語で書いても意味がないと思うのですが……）。

百人町——その名の通り、百《もも》な人々が集う国際的な町に発展しました。

二丁目のエレジー

どこの町にも概《おおむ》ね「二丁目」というのがあるものですが、ただ「二丁目」と呼ぶだけである世界が想像される町というのは、新宿二丁目をおいて他にないでしょう。

いまや二丁目＝オカマの町、として全国的に認知されるまでになりました。とはいえ、二丁目の全域にオカマが暮らしているというわけではなく、主に、新宿通りと靖国通りの間を走る通りに沿って、それらしき物件が集中しています。

一口にオカマと申しましても、様々なタイプが存在するようです。見た目は角刈りや坊主《ぼうず》頭の男たちが集う、いわゆる「ホモ」の溜《たま》り場。激しい性的プレイを愛好する「ハードゲイ」の店。限りなく女性の肉体に近づくことを追求する「ニューハーフ」。アトラクションとしての女装を愉《たの》しむ「女装マニア」のスポットなどなど……。またこの界隈には〝男色家〟の溜り場だけでなく、「レスビアン」や「オナベ」（男装が好きな女性）といった人々のためのオアシスも用意されています。

夜更《よふ》けにこの通りを一人歩きしていると、別に倒錯した趣味を持ち合わせていない人であっても、何らかのグループに所属する、と見られます。

二丁目ビギナーな方は、通りの一角に建つコンビニエンスストアーから覗《のぞ》いてみましょう。ここは店の入口の方こそ、スナック菓子や日用雑貨が並んだ、何の変哲もないコンビニですが、奥に行くにつれて、品揃《しなぞろ》えが奇《あや》しくなってきます。最奥部の棚に陳列されたビデオソフトを眺めてみてください。通常の洋画作品などの端っこに、太った裸のオヤジと少年がからんだパッケージに、「熊《くま》いじめ」なんてオツなタイトルを打った、その筋の作品が配置されています（この世界ではデブ男のことを〝熊〟と呼び、ある種のマニアたちに愛好されているらしい）。

マイノリティー性愛者たちのデパート、となった二丁目にも、それなりの由縁が存在します。ここは江戸の宿場「内藤新宿」に近いことから遊郭街として発展しました。昭和33年、売春防止法が施行されるまで、いわゆる青線地帯として栄え、そんな下地のある場所に現在のオカマバー……などが出店したというわけです。

二丁目の一画に建つ「成覚寺《じょうかくじ》」は、遊女の「投げこみ寺」(江戸の遊女は激務の果てに死ぬと、身ぐるみはがされて寺に投げこまれた……)として有名だったところです。派手なオカマたちが棲息《せいそく》するこの町には、そんな哀《かな》しい歴史が眠っているのです。

南口のデパ地下マダム

「タカシマヤ・タイムズスクエア」や小田急系のビル&プロムナード、の完成によって、いまや新宿南口は新宿らしからぬトレンディーな風が吹き抜けるスポット、に変貌《へんぼう》しました。

ニコタマでコマダム受けするデパートづくりに成功した高島屋は、その戦術で、こんどは荒川の北の方から、〝夢の埼京線〟に乗ってやってくる上昇志向のマダムたちをおとしこもうと企《たくら》んでいます。

ブランドものの洋服はともかく、ここでの戦術の目玉は、ブランドものの食品を並べた、いわゆる「デパ地下」というやつです。ブランドものの食品、といっても、「フォーション」などのあまりに名の知れたメーカーの品物は、もはや効果はなく、宮崎県の酪農家が手塩にかけて生産した知る人ぞ知る豚肉の名品とか、向島の頑固な和菓子職人が日に五十本しか作らないという串《くし》ダンゴとか、そういうレアな〝高級B級グルメ〟の類《たぐ》いが、いま最も効く品筋となっています。

キメの謳《うた》い文句は、

①○○産、という産地名表示。

たとえば牛肉の場合、もう「神戸」や「松阪」などのメジャーな地名はダメで「大分・日田南原産」とか「岩手・権田林高原産」とか、出鱈目《でたらめ》であったとしても、まだ開発されていない地名の方が、よりレア感が醸《かも》し出されます。そして――

②本日限定○個

実際バカスカ大量生産されていたとしても、せいぜい百個くらいまでの〝限定〟を謳って、稀少感《きしょうかん》をあおります。珍鳥・トキなどと一緒で、数が少なければそれほど大したもんでなくても、ぐっとありがたみが漂ってくるものです。

③峰竜太、梅宮辰夫《たつお》、絶賛！

この種のものは、基本的にはクチコミで評判が伝わっていくものですが、やはり、生活情報番組やグルメ番組に出ているタレントのアナウンスは効果があるものです。デパ地下の食品の場合は、なんといっても峰竜太。そして、自らコロッケや漬物の店を成功させている梅宮辰夫のクレジットは、なんとなくウマそうな信用性のようなものが伝わってきます。これが健康食品の場合は「みのもんた」となります。

ところでいまでこそ、タカシマヤにGAP、ビームス、スターバックスにYAHOO！の看板、代々木方向に目をやればエンパイヤステート型の着ぐるみを被せたようなNTTドコモの電波塔施設ビル……といったトレンディーなメンツによって彩《いろど》られた南口も、平成の初め頃までは、線路端に掘立て小屋みたいな台湾料理屋（ココはウマかった！）やブリキ張りの便所、甲州街道のガードをくぐった先に荒《すさ》んだ馬券売場、その向いあたりにストリップ劇場……といった場末じみた界隈でした。

そしてタカシマヤの建つ南隅の一帯は、かつて「旭町《あさひまち》」と呼ばれたドヤ街だったところで、山谷にあるような小さな〝マッチ箱旅館〟が林立していました。タカシマヤのアプローチの通路から外を眺めると、いまも一軒だけ「桂屋《かつらや》旅館」という昔ながらの宿が頑張っています。新宿観光の拠点を、こういう所において、朝っぱらからデパ地下攻めに繰り出す、というのも一考かもしれません。

落合に暮らす人々

新宿区の北西端、下落合から西落合にかけての高台は関東大震災以後発展した住宅地で、とくに下落合二、三丁目、中落合四丁目といった地域には、百坪を超す邸宅も見られます。この辺は市谷砂《いちがやさ》土《ど》原《はら》町、市谷長延寺町、若葉と並んで、新宿区の限られた高級住宅街であります。

ところで落合に暮らす人々の多くは、戦前、おそくとも戦後の昭和30年代からこの地で生活している人々で、区の中では比較的、愛町心に富んだ民族性を持っていると言えます。

そして、良い意味でも悪い意味でも「山の手意識」が高く、低い土地に暮らす人々を侮蔑《ぶべつ》する性質を幼い頃から身につけています。

落合地区の中でも神田川・妙正寺川沿いの一部の地域は、標高が低く、川幅も狭いために台風や大雨の際には水が出るところとして有名です。落合地区の小学校に通う児童のなかでも何割かは、そういった水はけの悪い環境に暮らしており、坂の上の高台の土地に暮らす父兄たちは「○○ちゃんの家、水につかったらしいわよ」「まあ、大変ねえ、あの辺は」とダベッたりしながら、高い土地に暮らす幸福をわかちあいます。

海抜が30〜40メートルの台地に家のある児童たちは習字の時間になると、得意満々に、「高台」とか「台地」「山の手」といった題を書きなぐり、川沿いに住む児童たちの素朴な心を踏みにじります。

こういった風習は西早稲田《わせだ》や、お隣の豊島《としま》区高田地区にも見られ、坂の上に暮らす家族は、大雨の際に神田川洪水《こうずい》の警報サイレンが底の方から漂ってくると、胸をワクワクさせながら応接間で家族そろって談笑を交わします。

「東急沿線の環境には負けるけど、この辺じゃ、ちょっとしたところに住んでいるんだよなあ、私たちは」それが彼ら台地の落合人の心の糧《かて》、と言えます。

落合や西早稲田に古くから住んでいる人たちは、先述したように「愛町心」「愛区心」が強いこともあって、区随一の景勝地・箱根山に登り、区内を展望したりすることを好みます。

箱根山は、戸山三丁目、戸山ハイツの、ちょうど学習院女子短大の裏手にある小高い丘で、海抜は23区内唯一《ゆいいつ》の44・6メートルです。西戸山タワーホームズの頂や、副都心野村ビルの展望台に昇れば、こんな50メートルにも満たないちっぽけな山など何のありがたみもない、というものですが、古くからこの区に暮らす人々はこの山にどこかこだわりを持っています。箱根山登山の経験があるか否《いな》かで、区民としての歴史を計るようなところがあります。

地元のクライマーたちが、斜面の人工岩場でロッククライミングの訓練をしていたこともあったようです。

なお、水の出やすい落合の低地には、染物工場などが多くありましたが、近年はマンション用地などに売却され、めっきり少なくなりました。

牛込に暮らす人々

かつての牛込区に該当する地域は、何となく漠然とした雰囲気があります。

ほんの百メートルもいくと町名が変わる、といった小さな町が群集する地域で、たとえば、簞笥《たんす》町、細工町、二十騎町、納戸《なんど》町、払方《はらいかた》町、市谷鷹匠《たかじょう》町といった特徴のある小さな町が並んでいます。

この地区の中の神楽坂《かぐらざか》は周知の花街、市谷の台地は典型的な住宅街、弁天町のあたりは寺町の様相を呈しています。しかし全般的に、外苑東通りから東側、江戸川（神田川）にぶつかるまでの地域は、何となく小さな工場がバッタンバッタンと機械の音をたてているイメージがあります。

実際、山吹町、改代《かいたい》町、水道町、西五軒町、東五軒町、新小川町と続く江戸川べりの低地は、印刷・製本工場のメッカとなっています。

これはもちろん、近くの市谷加賀町に大日本印刷、文京区小石川に共同印刷、そして文京区水道町に凸版印刷といった大手の工場があること、旺文社《おうぶんしゃ》や新潮社などの出版社に近い、また神田の本屋街にも比較的近い、などの環境によるところであります。

このあたりの中小の印刷工場や版下制作、タイプ打ちの人々は、義理や人情を重んじる下町気質《かたぎ》の人が多く、一升瓶片手に版下づくりに励む昔気質の職人にも時折出くわします。同じ新宿区でも、落合の高台夫人、歌舞伎町の風俗ギャル、とは全く異なった趣の人種がこのあたりには暮らしているのです。

ところで「牛込」の名の由来ですが、土地の古老などに話を伺ってみると、かつてこんな替え唄《うた》があった、ときかせてくれます。

「火事はどこだ牛込だ、牛のキンタマ丸焼けだ〜」

ま、馬込だったら「馬のキンタマ」となるところでしょうが、要するに〝牧場に牛がごろごろいたような土地だった〟ということでしょう。

市谷の要塞

市谷本村町の広大な自衛隊の敷地に、先頃六本木から防衛庁が移ってきました。敷地内には、都内で東京タワーに次ぐ高さを誇る通信塔（地上高・220メートル）が聳《そび》えたち、異様な風体ながら、界隈のちょっとしたランドマーク、といえるでしょう。

実はあまり知られていませんが、「市ケ谷台ツアー」と称して、この防衛庁のなかを見学することができるのです。なかでも見物《みもの》は、昭和12年に「陸軍士官学校本部」として建設された記念館（1号館）。昭和21年から23年まで、極東国際軍事裁判の法廷に使用されたところで、なんといっても、三島由紀夫事件（昭和45年）で有名になった場所です。アールデコ建築の趣のある建物ですが、さすがに、「割腹自殺を遂げる三島由紀夫のロウ人形」などは置かれていません。

神楽坂パラパラナイト

牛込台地の東端に位置する神楽坂は、沿道に建つ毘沙門天《びしゃもんてん》の門前町として栄えたところですが、とりわけ昭和の初め、大正の震災で焼けた下町の料亭が移ってきて、歓楽街に発展しました。料亭の数は年々減っていますが、石畳の小路などが所々に残り、東京の〝先斗町《ポント》〟のような風情《ふぜい》も感じられます。

この数年、本多横丁界隈《かいわい》に増えているのが、小体の〝ショット・バー〟の類い。かつての料亭の二代目が敷地を切り売りしたようなところに、こういった店が出店してきたのでしょう。時折、日本髪の芸者さんが馴染《なじ》みの客と、止まり木でカクテルを傾けている艶っぽい光景も見られます。

もう一つ、ネオ神楽坂的なスポットとして、坂下近くに一九九〇年代のバブル崩壊直後、オープンしたディスコ「ツインスター」という物件があります。それ以前はパチンコ店だったところで、オープン当時覗いた筆者は、受付に〝パチンコ屋時代の景品係とおぼしき厚塗りのオバチャン〟がそのまま滞在しているのを見て、びっくりした覚えがあります。

一時期低迷していたこの店は、数年前に放った「パラパラ」の催しが大当りして、週末には遠い衛星都市の方からも信者が訪れてくるようになりました。ステージや御立台《おたちだい》には、解脱《げだつ》を果した高等パラパラ信者たちが並んで、「Fire!」とか「Baby!」といった、バカっぽい英単語が多発されるテクノ・ユーロビートにノセて、手旗信号のような振りを披露し、ダンスフロアーのビギナー信者たちが、それを見よう見真似でなぞります。彼らの背景に金正日の肖像でも映し出せば、北朝鮮・平壌《ピョンヤン》で催されているマスゲーム大会の一種、と見紛うかもしれません。

パラパラこそが現在の神楽、とでも結論づけましょうか。

NEW TOKYO 23ku MONOGATARI

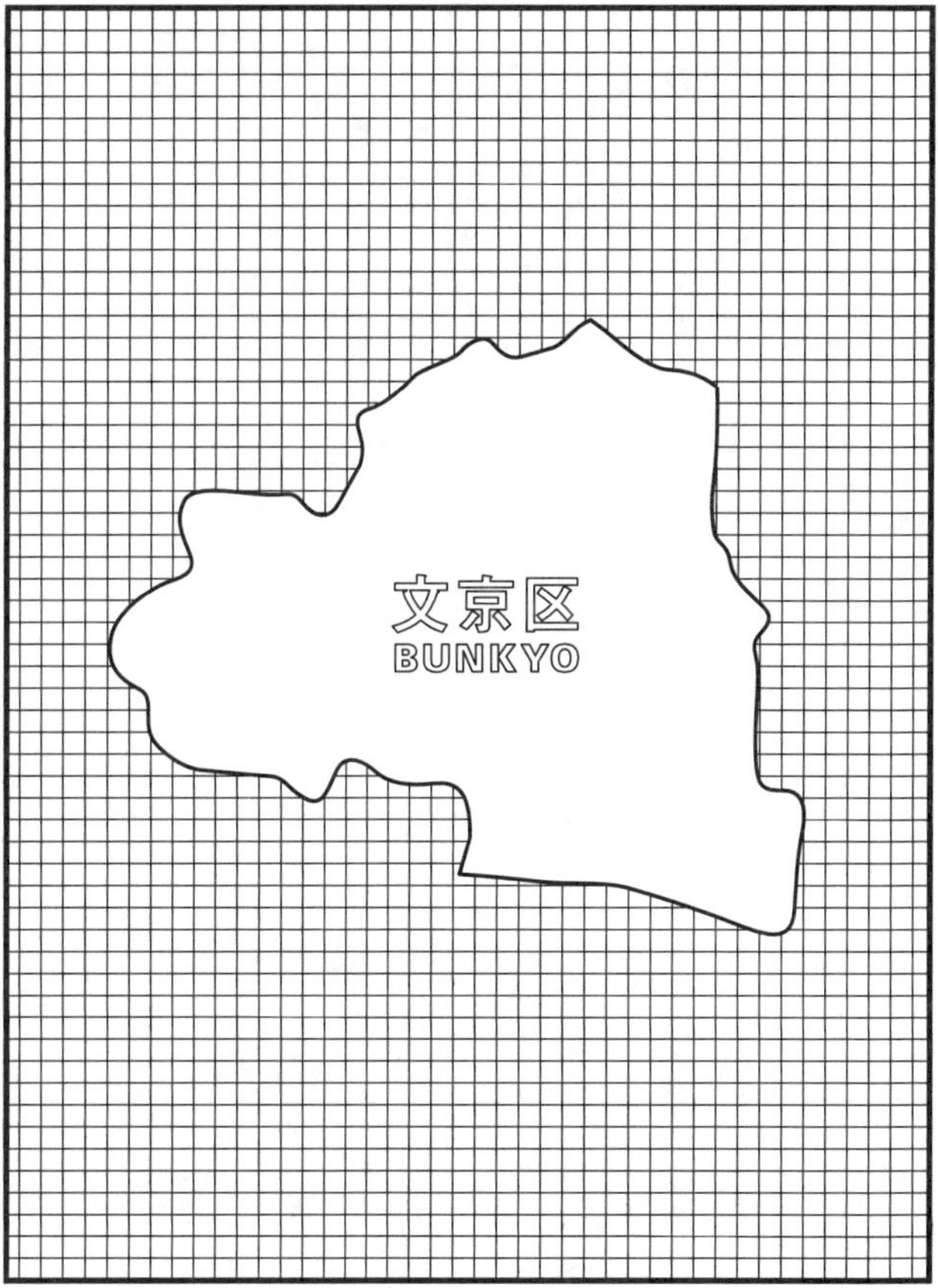

文京区は、関東大震災前、山手線の西側がまだ郊外、田園都市の趣が強かった頃、いわゆる「山の手」の中心地域だったところです。

西部の大塚、東部の本郷を中心に二つの文教地区があります。文京の名の起こりは、もちろん文教施設が多い地区ということからですが、ここに学校などの文教施設が集まったのは、江戸時代・大名屋敷が豊富で、その跡地が学校施設の敷地に最適の場になったということです。そして本駒込《ほんこまごめ》の六義園《りくぎえん》、小石川植物園、護国寺、椿山荘《ちんざんそう》といった庭園、緑地、後楽園などのレジャー施設も豊富な、完成度の高い住宅区と言えます。

古い住宅地域なので、老人の数が圧倒的に多く、区の会報も毎回ほぼ3分の2のスペースは〝おとしよりを対象にしたレクリエーションや医療関係の告知〟となっています。旧鳩山《はとやま》邸のある音羽《おとわ》の森から小日向《こひなた》、小石川にかけての台地、北東部の千駄木《せんだぎ》、向丘《むこうがおか》にかけてのいわゆる白山《はくさん》台地の一帯には寺が多く、そういった寺町の付近には「ニシキゴイとランチュウのいる池」のある屋敷があって、そこに典型的な文京老人が暮らしているのです。

ここでは、そういった文京老人の実態を徹底的に探っていこうと思います。

文京老人の体質

文京老人の平均年齢は73・6歳くらいと推定できます。

現役時代の職種は①弁護士、②教授、③医者で、大概よろよろになった元名うての弁護士というのは、小石川あたりに住んでいるものです。

弁護士が年とれば、当然、理屈っぽい頑固ジジイ、ババアになるのは目に見えています。かたくななまでにこの地に執着し、息子夫婦に家をあけ渡したあとも「離れ」をつくらせて、そこに住みこみます。

この離れがまた手の込んだもので、息子夫婦は新建材を使って安くあげよう、と提案するのですが、頑として譲らず、なじみの大工に無理を言って「檜《ひのき》の柱」などで組ませます。母屋《おもや》との境には、わざわざ冠木門《かぶきもん》を設けて池の位置を眺めの良い場所に変えさせたりします。

趣味は庭いじりと鯉《こい》の飼育。文京老人たちの三人に一人は、ランチュウのオスとメスを一瞬にして判別する能力を身につけている、といいます。ゲートボールなどに熱中している練馬や板橋の老人たちを侮蔑《ぶべつ》し、国立劇場あたりでやっている歌舞伎《かぶき》や文楽を、孫のマークIIに乗っけてもらって出掛けてゆくような渋谷や世田谷あたりのクラスも

「もうひとつ違うな……」と心のどこかでバカにしています。

ちょっと血圧が上がると、すぐに知り合いの医師（かつて、東大や順天堂の勤務医で、その後、大塚や小石川で開業した典型的な文京医師）を呼びつけて治療するので、わりと健康で食欲もあります。孫やひ孫が遊びにくると、弥生《やよい》あたりの寿司《すし》屋から特上の出前をとらせて、中トロなどもバクバクいきます。

近くの年寄り連中が集まったときには、「戦前の富坂あたり」の話や「湯島の切通し坂から向こうは品がない」といった地域差別ネタが盛りあがります。

さて、息子夫婦も50代の半ばにさしかかろうとしています。嫁のほうは、巣鴨《すがも》の駅の西側の人で、この家に来たころ「帯のしめ方がだらしない」などと姑《しゅうとめ》にいじめられました。その頃、嫁は、この小石川の地を非道《ひど》く息苦しく感じたものでしたが、いまはすっかり、〝代々小石川〟の風格さえ帯びてきています。

買物は原則として、西の方へは行きません。つまり、距離的には池袋がいちばん近いのですが、日本橋か銀座をめざします。いつの間にか、かつての東京15区外の地域というのは、信じられない体質になってしまったわけです。

銀座でも、三越、ミキモト、和光といった老舗《しにせ》がなじみで、有楽町マリオンとかプランタンには間違っても入りません。

文京区内の50代以上の人で、池袋西武に気軽に出掛けてゆくのは、音羽通りの西、関口、目白台の地域だけです。

さて、夫、つまり文京老人たちの息子は、普通の企業の管理職のケースが多く、生活様式などもかなり俗化されてきています。文京の区を愛していることは確かですが、「マンション経営！」等のチラシが舞い込むたびに心が揺らぎます。「親が逝《い》ったら、考えてみるか……」なんて思っています。

文京老人たちの孫は、都立、私立問わず、他の地域に較《くら》べ、わりあいと最寄りの区内にある文教施設に学ぶことが多いようです。とくに女子の場合、跡見、淑徳、京華女子、貞静、といった私立高は、区居住者専有率の高いところであります。

小石川五丁目のT字交差点角には、文京を世田谷や練馬のはずれと勘ちがいしたようなドライブイン・レストラン「イエスタディ」が建っていますが、文京老人の孫たちは、ほとんどこの手の店を敬遠します。店の前に停まった「大宮ナンバーのファミリア」を鼻で笑いながら、茗荷谷《みょうがだに》に古くからある「りんほふ」や「白十字」に入ります。

◆お受験ママの台頭

と、以上は前作『東京23区物語』（一九八五年初刊）の筆者の記述を、そのまま転載したものですが、10余年が経過して「文京老人」を取りまく環境もかなり変わってきました。

すぐに知り合いの医師を呼びつけて、健康に気を遣っていた当時の文京老人たちも、やはり寿命が訪れて多くの人はあの世に旅立ちました。ランチュウのいたお池のあった屋敷は〈音羽の森を見下ろす、永住の館《やかた》……〉なんてキャッチフレーズの高級マンションに変貌《へんぼう》し、そこに文京ブランドを求めて地方からやってきた、「お受験信仰」の家族たちが棲《す》みつくようになります。

とりわけコンサバティブな土地柄、生まれたときから文京の地で、おじいちゃんと一緒にランチュウにエサをやったりしながら育った「天然文京ママ」たちは、そういう〝外来種〟と肩を並べてお受験に挑む、という状況が面白くありません。幼稚園や塾の送迎の合い間に入った「ロイヤルホスト」などで、天然文京ママたちは「後楽園の球場にまだ屋根がない頃、巨人戦に連れていってもらった」などの土地の昔話に花を咲かせて、やんわりと〝外来種〟のイジメに走ります。

冠木門の向こうの縁側に、頑固そうな文京老人の姿が見えた時代は、いまは昔の話、となりました。

東京ドーム人たち

東京タワーに昇って北の方角を眺めたとき、皇居の緑の先にぽっかりと見える〝潰《つぶ》れた巨大気球〟のような物体が東京ドーム、です。これが出来て以来、こういった半球状のドーム施設はちょっとしたハヤリになって、最近では、コンビニの一軒きりないような片田舎の町に、東京ドームを小型化した風な施設が次々と出現しています（豊富な助成金で建てたものの、催し物はせいぜい町内のバレーボール大会、だったりする）。

　ドームが完成して以来、野球の巨人戦はともかく、コンサートの格付け、が変わりました。かつては「武道館ライブ」がミュージシャンの成功の証《あかし》でしたが、いまや武道館クラスのハコは通過点となって、ドームのチケットを「即日完売」しないことには、大物のレッテルは貼《は》られません（音が悪い、という理由で避けるミュージシャンもなかにはおりますが……）。

　そして、大バコのコンサートゆえ、運よくアリーナの前の方の席が取れた客を除いては、大方、スタンド上部に設置されたマルチスクリーン映像でミュージシャンの姿を眺めて、時折双眼鏡で遥《はる》か彼方《かなた》にいる豆粒ほどの生マライヤ・キャリーをホンモノかどうか確認する——といった観賞法が定着しました。

　スタンドを徘徊《はいかい》する売り子さんの姿も、屋根のない後楽園球場の時代とくらべて、随分と変わりました。ムサい男子販売員はほぼ消滅して、背中に鉄人28号のタンクみたいな装置をしょったギャルたちが、管の先からシューッと生ビールを出して、売り歩いています。アレを眺めていると、なんだかそのままシューッとドームの天井の方まで飛んでいってしまいそうな想像が浮かびます（できれば飛び廻りながら生ビールを売って欲しい）。

さて、ドームで野球やコンサートがハネて、外に出たところで奇妙な光景に出くわすことがあります。ドームの周縁にずら〜りと野球帽にジャンパー姿の老人たちが座りこんでいます。「ダフ屋」と思われる方もいるかもしれませんが、ダフ屋にしてはあまりに数が多い。数百人はいるでしょうか……。

彼らは、翌日の巨人戦前売りチケットの整理券を取るために（おそらくダフ屋から）雇われた人たち、なのです。どれほどのギャラなのか定かでありませんが、巨人戦がいまだ〝黄金のチケット〟であることを象徴する風景といえるでしょう。後楽園、やはりここは「巨人」に支えられた町なのです。

本駒込の悲劇

二区に股《また》がった町名というのがいくつかありますが、駒込もその一つでしょう。豊島区の方はただの「駒込」、片や文京区の方は「本駒込」。外部の人にはどうでもいいことですが、地元のとりわけ文京区側の住人は〝ただの駒込か〟〝本が付くか〟という点にひどくこだわります。

そもそも駒込自体、隣の巣鴨に較べて影が薄く、山手線ゲームなどのときにまず忘れられる駅名、といえます。一般的に場末な印象の町ですが、本駒込の、なかでも六義園を囲む六丁目の一帯は「大和郷《やまとむら》」の別称をもつ屈指のお屋敷街が広がる地域です。

ちなみに六義園は、元禄《げんろく》時代、徳川綱吉が柳沢吉保《やなぎさわよしやす》に与えた別荘が源で、吉保が手を入れた庭園は、その後三菱の岩崎家に引き継がれ、昭和13年に都の公園として開園しました。かつては千川上水から引きこんでいたという池は、多くの水鳥が飛来するポイントとして、愛鳥家の間でも有名です。

ただし、この六義園も周辺の本駒込の土地の名（かつては上富士前町、駕籠《かご》町、神明町……と細かく区割りされた町だった）も、世間的には地味な印象が強く、千石や白山あたりまでは〝文京区のおちついた住宅〟という認識が浸透しているものの、本駒込というと、「あー、巣鴨の隣の……」と、山手線の北方、豊島区の外れ、ヘタをすると北区の領域……と誤解をされたりします。

――お宅はどちらですか？

――ホン駒込です
彼らはひときわ「本」にアクセントを置いて答えますが、羨望《せんぼう》の眼差《まなざ》しが返ってくることは、まずありません。ま、「知られざる逸品」みたいな感覚を愉《たの》しみたい人には、うってつけの場所、かもしれません。

ところで本駒込一丁目の南谷寺には、江戸五色不動の一つ「目赤《めあか》不動」があります。目黒や目白にならって「目赤」って町名に改称してみてはどうでしょうか……。

NEW TOKYO 23ku MONOGATARI

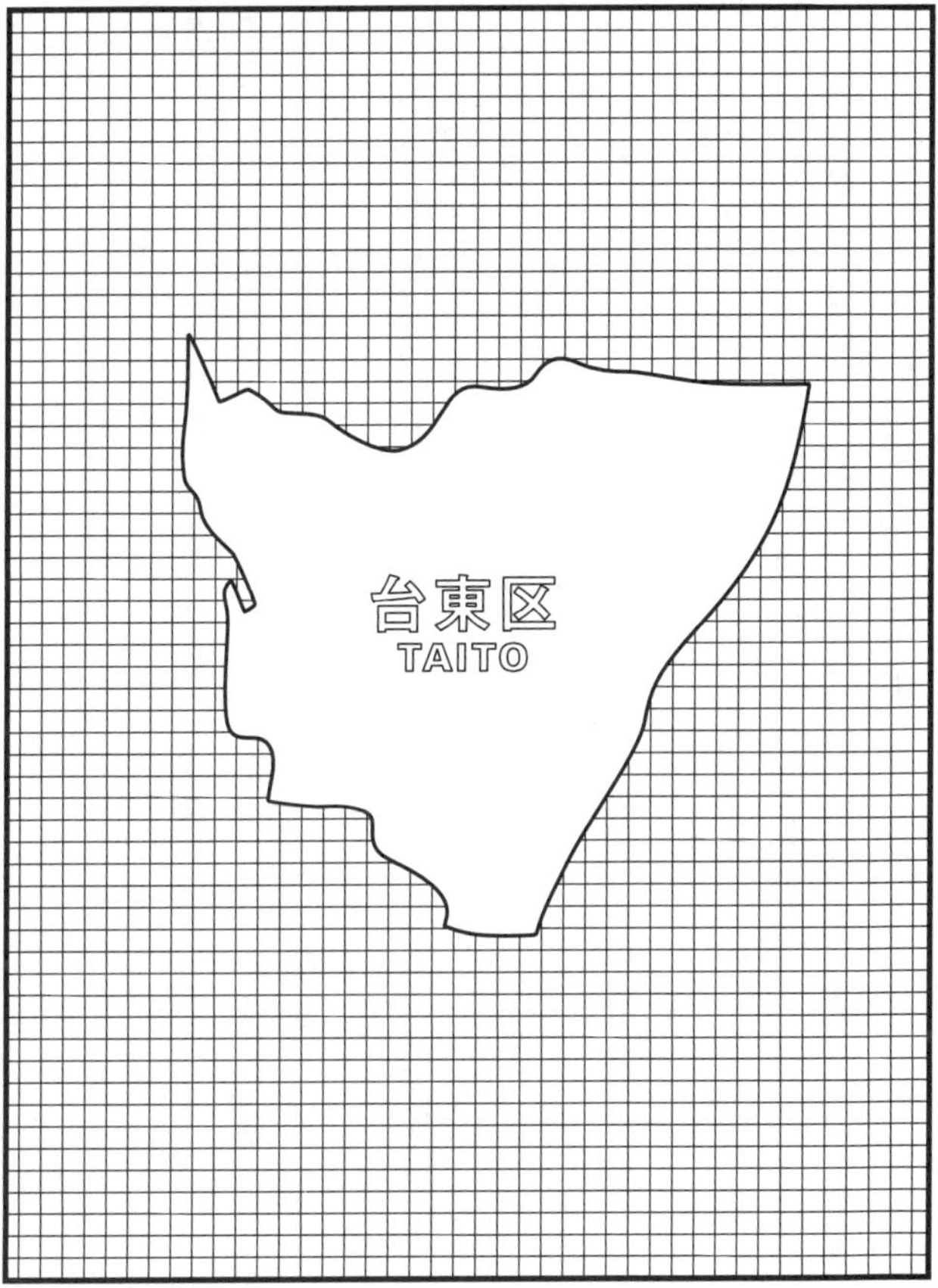

台東区には、長らく東北方面からの玄関口として栄えた上野、戦前から代表的な歓楽街だった浅草、という二つの看板的な町があります。他に浅草北方の千束《せんぞく》には「いわゆる吉原《よしわら》」の名で知れた風俗産業街、南方には人形や玩具《がんぐ》の問屋が密集する浅草橋があり、かつて料亭街として知られた柳橋界隈《かいわい》は、いまやお台場方面へ行く屋形船の出発点として有名です。

朝顔市の入谷《いりや》、酉《とり》の市《いち》の鳥越（神社）、大江戸線・新御徒町《おかちまち》駅前に聳《そび》えるヒサヤ大黒堂の「ぢ」の巨大看板……と、名所はいろいろありますが、ここでは上野、浅草、谷中と、三つの下町の表情の違いを解説していきます。

上野のお山の歴史

古びた東京土産の瓦《かわら》せんべいなどを買うと、昔ながらの東京名所が刻印されていたりします。絵柄は、東京タワー、雷門のちょうちん、上野の山の西郷隆盛《たかもり》像、といったあたりが定番。最近はわざわざ隆盛像を眺めにいく観光客も少なくなりましたが、これは明治31年建造という、かなりヴィンテージもんの銅像なのです。

薩摩《さつま》の西郷が何故《なぜ》上野に？　と思われるかもしれませんが、幕末の「彰義隊戦争」の折に、西郷率いる部隊がこの上野の山で彰義隊を討伐したのです。まさか、着流し姿で犬を連れて戦をしたわけではないでしょうが、この銅像以来〝犬連れの隆盛〟というキャラが固まったわけです。

ところで動物園や博物館のある上野の山の一帯は、もともと寛永寺の広大な境内だったところで、この寺は「江戸の鬼門を守る」という目的で置かれた……といわれています。もはや現在では「山」と呼ぶほど高い場所とは思えませんが、大昔、この谷中方向から延びてきた台地は海に突き出した半島のような一帯で、不忍池《しのばずのいけ》は入り江時代の名残、とされています。

東北新幹線の出発点が東京駅になるまでの時代、上野は北からの鉄道の玄関口で、集団就職が華やかなりし東京オリンピックの頃には、東北から上京してきた若者たちを励ます「ああ上野駅」（井沢八郎）なんて唄《うた》も大ヒットしたものです。

いまや上京してきた若者も上野などには目もくれず、渋谷やお台場にあそびに行ってしまいます。そんな日本の若者たちに代わって、最近はイランから上京してきた人々が上野の山に溜《た》まっています。

動物園や国立博物館のことはいまさら語るまでもありませんが、芸大と博物館に挟まれた道の角っこに、一つ面白い物件があります。背後の博物館の建築をまねたような、重厚なつくりの地下道の入り口。実はこれ、地下を走る京成電車に数年前まで設けられていた「博物館動物園駅」という駅の入口跡、なのです。建物が立派なので、このゲートだけ保存することになったようです。

ところで上野には、もう一つ鉄道関係の面白いポイントがあります。駅の東口、台東区役所の裏手のあたりに、なんと地下鉄の踏切、が存在します。渋谷でしか表に出ることのない銀座線が、路地の先の踏切を堂々と通過していきます。一瞬目を疑いますが、実はすぐ先に営団の車庫があるのです。頻繁に走るのは早朝と夜更《よふ》けなので、地下鉄好きの方は踏切傍《わき》に建つカプセルホテルにでも泊まって、じっくり眺めてみてはいかがでしょうか。

飴《あめ》とアメリカの横丁

上野のもう一つの拠点、アメ横を案内しましょう。大晦日《おおみそか》になると「毎年同じ映像を使い回してるんじゃないだろうか……」と思うような、混雑するアメ横通りの光景がTVに流れますが、ここは魚屋や八百屋ばかりでなく、スニーカーやジーンズ、輸入物の化粧品、貴金属の〝ゲット名所〟としても有名なところです。

筆者が学生だった一九七〇年代の頃から、一般の店では手に入らない「リーバイスの

502XX」……などの、〈MADE　IN　USA〉クレジットのお宝ジーンズが、アメ横内の「ミウラ&サンズ」「るーふ」「守屋商店」といったところに行くと採集できる、と聞いて、迷路状の通路を何度も迷いながら歩きまわったものです。そういった店には、ウエスタンシャツにリーやリーバイスのジーンズを履いたカウボーイみたいな店員がいて、「カレなんかさ、こんだウチで入れたリーバイの細ウネコーデュロイなんか、どうかな？　ね、スソのあたりのシルエットなんかサイコーっしょ、十本しか入ってこなかったんすよ」なんて、兄貴みたいな調子で品物を勧めていました。

ま、いまでいう「カリスマショップ」の店員のハシリといってもいいでしょう。

そんなアメ横の店でジーンズを買うと、すぐ近くに魚屋や乾物屋があるせいか、袋の中からインディゴの染料の香りに混じって、なんとなく生臭いニオイが漂ってきたものです。

アメリカの輸入商品の店が多いので「アメ横」と付いた、と考えている人も少なくないようですが、実はこのアメは「飴《あめ》」の方なのです。闇市《やみいち》の時代に飴菓子を売る店が密集していたことから、アメ屋横丁↓アメ横、となりました。

ひと昔前、林家三平がやっていた「ニキニキニキニキ…二木の菓子」のCMで名の知れた「菓子問屋の二木」は、そのアメ屋時代の名残の店で、ここに行くと、昔幼稚園の子供会なんかのときによく出てきた、懐《なつ》かしいアルファベット形のビスケットとか、どぎつい色合いをしたゼリー菓子……といったものが手に入ります。

また、アメ横を抜けた先の御徒町の西側の界隈は、「本家ぽん多」「蓬莱屋《ほうらい》」「双葉」……といった、とんかつ屋の名店が集中している地域で、アメ横観光の腹ごしらえに寄るには格好です。

浅草

東京随一の観光地らしい町というと、浅草ということになるでしょう。東京在住者でも「浅草にメシ食いに行こう」なんて話になると、渋谷や六本木に出掛けるのとは違った、ちょっとした旅に出るような、そわそわした気分になるものです。

浅草寺(観音様)の門前町として江戸の時代からにぎわっていた浅草は、早くも明治の時代に「十二階」(凌雲閣)という、いまでいうテーマパーク風の娯楽館や「花やしき」の遊園地が出来て、隣接する「六区」の界隈には映画館や演芸場が林立するようになります。そういった古い施設の多くは潰《つぶ》れたり、改装されたりしたものの、東京の他の町とくらべると、懐かしい歓楽街の雰囲気が残っているところで、とりわけ一九八〇年代のレトロブームや隅田川花火の復活の頃から、若い人たちの間でも〝人気のエリア〟として脚光を浴びるようになってきました。

大方の観光客は、まず雷門の提灯《ちょうちん》の前あたりに集合して、朱塗りのミヤゲ物屋が軒を並べる仲見世通りから入っていきます。最近はディズニー・キャラクターのミヤゲ物なんかも目につきますが、ここの生粋の名物といえば「雷おこし」と「人形焼」でしょう。浅草のりの「いせ勘」の角から、左手の新仲見世通りの方へ折れていくと、仄暗《ほのぐら》いアーケードの下に、叩《たた》き売り競売をする「余荷解屋《よにげや》」、プロマイドの「マルベル堂」などの、この町特有のユニークな店があります。

浅草の面白味は町並も一つですが、観光客に混じって、風来坊みたいなオッチャンが、昼間っからふらふらと歩いている光景でしょう。ROXビルの建つ「六区」の映画館街を歩いて、途中から一本東寄りの公園本通りの筋に外《そ》れると、観光客の姿は消えて、いよいよ〝オッチャンの彷徨《さまよい》〟の世界が濃くなってきます。

すぐ先には場外馬券売場（ウインズ浅草）があり、沿道には、何年も使いこんだような鍋《なべ》で牛スジ肉をコトコト煮込んでいる、半露店式（いわばオープンカフェと同じ）の大衆酒場がぽつぽつと並んでいます。牛スジ煮込みは、関西によくあるコンニャクと一緒に煮込んだスタイルのもので、道の先にボッとくすんだ色合いで灯《とも》る「花やしき」の遊覧塔を「通天閣」に見たてると、この辺の雰囲気は大阪・天王寺のジャンジャン横丁界隈と似ています。

横道の初音小路から花やしきの傍《わき》を抜けて、浅草寺の裏門へ行く――このあたりが浅草でも最もディープ感漂う一帯、といえるでしょう。

機械が古いのでコワイ……という噂《うわさ》から人気が出た花やしきの「ローラーコースター」（ジェットコースターというのは、後楽園遊園地の商標らしい）は、数年前、線路端にわざわざ〝昭和30年代風〟の古びた民家の書き割りを配して、趣向を凝らしています。ただし、館内の他のアトラクションや店のコンセプトが中途半端《はんぱ》で、もう一つ魅力に欠けます。亜流のスナック・フードなどはやめて、外の牛スジ肉煮込みの露店などを誘致して、オッチャンたちを呼びこめば、庶民的な遊園地の気分がもっと出るのでは……と思うのですが（かつて入園料がタダだった時代、周辺のオッチャンたちが入りこんで酒を呑《の》んだくれたりするので入園料を取るようになった……という話を浅草の知人から聞きました）。

ところで浅草の〝新たなランドマーク〟といえば、正確には対岸の吾妻橋《あづま》（墨田区）の領域ですが、「金色のウンコ」と話題になった、アサヒビールのオブジェがあります。出来た当初は、さんざんの悪評でしたが、十年も経過すると、なんとなく浅草の玄関口の景観のなかに、しっくりと収まっているような印象さえあります。

合羽《カッパ》橋の入口には「洋食器のニイミ」の巨大なコックさんのオブジェが掲げられていますが、この浅草という町の風土には、そういうキッチュなものが馴染《なじ》むようなところが、あるように思われます。

谷根千《やねせん》趣味

最近の〝レトロな下町〟人気に乗って、谷中、根津、千駄木のあたりが観光スポットとして注目されるようになってきました。三つを合わせた「谷根千」なんていう呼び名も定着して、情報番組などでもしばしば紹介されます。

根津と千駄木は文京区の領域に入りますが、名所の多くは谷中の町域なので、こちらで解説しましょう。

現在の谷中は七丁目まである規模の広い町になりましたが、以前は天王寺町、初音町、三崎《さんさき》町、真島《まじま》町……などと細かい町に区切られていました。いまの七丁目（旧天王寺町）の一帯は広大な谷中霊園で、四、五、六丁目も、ほとんど関連の寺が密集している地域です。この谷中から上野公園にかけての一帯は、戦災をまぬがれたことから、大正や昭和初期の古い建物が比較的よく残ることになりました。都心の他の町と較《くら》べれば……ということで、昭和30年代、いやせいぜい20年前の写真と見較べても、「え、こんな時代劇のセットみたいな町だったの……」と、現在のレトロ度の乏しさを痛感します。

B29が空襲するのを遠慮したというのに、もったいない……。

それでもこの町は、一九八〇年代のなかば頃から町ぐるみで古建物の保存熱が高まって、構図をうまく考えれば、「東京人」や「散歩の達人」のグラビア映えする写真が撮れる町――のレベルを保っています。

谷根千歩きの出発点は、谷中のバス停で降りて、すぐ目の前の「下町風俗資料館」と「コーヒーカヤバ」の間の路地から入っていくのがいいでしょう。資料館も「吉田屋本店」という昔の酒屋を使った施設ですが、「カヤバ」も城下町にあるような、懐かしい趣のある喫茶店です。右手に墓地が見えてきたあたりの二股《ふたまた》を、千駄木の方へ進んでいくと、江戸の菊人形や消防纏《まとい》を作る店……などの、他ではあまり見られない職人の店が点在しています。

古物件にあまり興味のない人でも、隣の千駄木（文京区）との区境に沿って、ウネウネと続いていく俗に「へび道」と呼ばれる路地は愉《たの》しめます。ここは昔、藍染《あいぞめ》川という小川が流れていた（不忍池に注いでいた）筋で、夏目漱石《そうせき》の「三四郎」にも、〝三四郎のデートシーン〟で描かれています。ウネウネの道というのはよくありますが、この道のウネウネ加減はハンパじゃない。まさに、〰〰線を描くように奥へ続いていて、両側の民家の塀も道筋に合わせてタヨ～ンと曲線状に作られています。

へび道を調子にノッてウネウネと歩いていくと、じきに「よみせ通り」という商店街に入って、さらに田端銀座、駒込《こまごめ》の霜降橋を越えて、滝野川まで行ってしまいます。

ところで、いわゆる「下町愛好家」のなかでも、谷根千を訪れる観光客というのは、浅草あたりとはちょっとタイプが異なります（谷根千のなかでも、谷中は正確には台地上の〝山の手〟なのですが）。

花火や三社祭にやってきて、もんじゃや天丼《てんどん》を食っていく「浅草派」というのは、陽性のタイプで、悪くいえば、ちょっと下品なところがあります。サンバ大会なんかが根づいたように、ラテン系下町マニア、といってもいいでしょう。

一方「谷根千派」というのは、陰性というか、物静かなタイプが多いようです。一番手よりも、ちょっと引いた二番手のポジションを好み、浅草がアメリカの大バコなホテルなら、谷根千はヨーロッパの小体のホテル、浅草が肉なら、谷根千は魚、好みのＪポップも㊦小柳ゆき、に対して㊦ボニー・ピンク……外国人の観光客の団体などを眺めても、雷門の前に溜まっているような、アロハシャツに短パン履いた、ケツのデカいアメリカ人のグループ……なんていうのは谷根千では見られず、こちらでは、薄い口ヒゲをたくわえて柄《え》の細い眼鏡などを掛けたフランスの神経質な植物学者……みたいな男が、ギンガムチェックのシャツの背中にリュックをしょって、だいたい一人で静かに歩いています（このタイプは、京都の山里の茅葺《かやぶ》きの農家に居ついたりする外国人です）。

浅草と谷根千――上野の山をはさんで西と東の下町人気スポットは、随分と性格が異なるわけです。

NEW TOKYO 23ku MONOGATARI

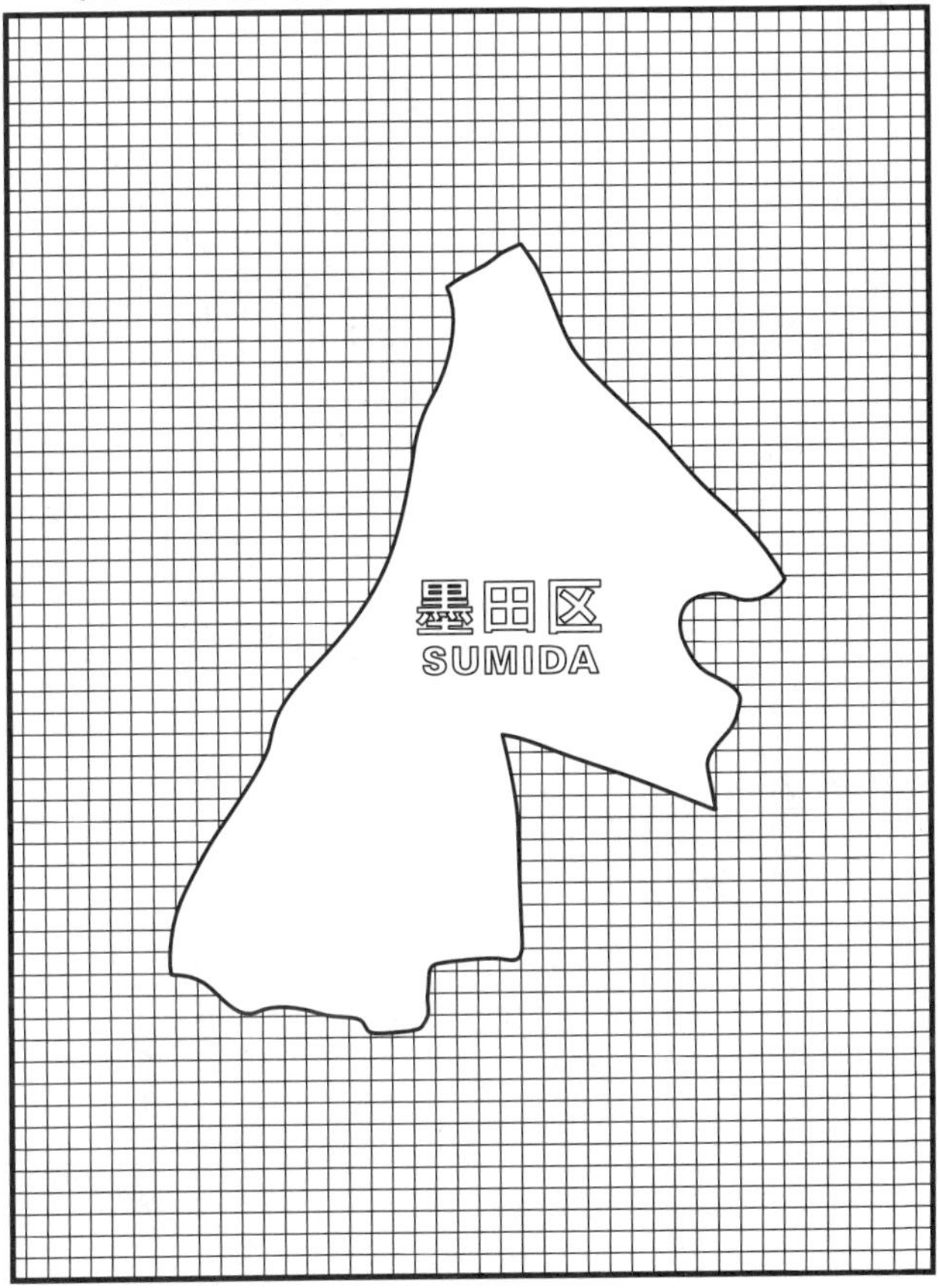

本区は隅田川と荒川、中川に囲まれたデルタ地帯で、錦糸《きんし》町、押上《おしあげ》に商業街、区内を縦横に流れる大横川、横十間川、北十間川、竪川《たてかわ》沿いに中小工業地が点在しています。しかし近年、工場は江東や江戸川の埋め立て地に少しずつ移動し、その跡地には公団アパートやマンションが建ち並ぶようになりました。

また、ひと昔前までは隅田川を渡り、この区に入ってくると大人子供問わず、パンチパーマをあてた人々の姿が一段と目についたものです。

両国顔とシャガミの風習

両国は言わずと知れた相撲の町です。近年、川の向こうの蔵前から国技館を取り戻し、相撲部屋も郊外への移転がブームとは言え、やはり両国界隈《かいわい》には20近くの部屋が集まっています。

東日本橋から両国橋をわたってこの界隈に足を踏み入れると、「春日野《かすがの》前理事長のような風貌《ふうぼう》をしたオッサン」の姿が急に目につきはじめます。白いランニングシャツを着て、夏の昼下がりあたりだとウチワをもって、相撲甚句《じんく》を口ずさみながら歩いています。

「隆《たか》の里《さと》に似た中学生」とか「三重ノ海にどことなく似た女子大生」とか、このあたりの人は、老若男女《ろうにゃく》問わず、大銀杏《おおいちょう》がぴったりフィットする面持ちをしています。

生まれたときからチャンコ鍋《なべ》を主食に、呼び出しの声とヤグラ太鼓の音を子守唄《こもりうた》がわりに育ってきた、などの環境が大きく影響しているのでしょう。

また、両国界隈の人々をつぶさに観察していると、両国橋の上などで力士が「ソンキョの姿勢」に移る前の、あの「シャガミの姿勢」をとって、ゆく川の流れを見つめている場面に出くわします。

墨田区から東にその数を増していくパンチパーマの人々が、道端で何気なくとるシャガミの姿勢は、両国界隈の力士たちの土俵入りに端を発しているのではないか、という説が一つあります。シャガミの型は、千葉県に近付くほど重心が後方に移動し、いわゆるウンチングスタイルに近いものに変形していきますが、ここ両国あたりでは、背筋が垂直に伸びた力士たちのとるシャガミの原型を、かなりとどめており、プロの目で見ると「不知火型《しらぬい》」と「雲竜型《うんりゅう》」の二形態の判別がつきます。

両国のコンクリート要塞《ようさい》

◆

前項〈両国顔とシャガミの風習〉は、前著『東京23区物語』で記述した十余年前のものですが、気に入っているのでそのまま残しました。ただし、当時隅田川以東に多く棲《せい》息《そく》していたパンチパーマの青年たちは、錦糸町周辺に事務所をもつ、いくつかの組関係従事者を除いてほぼ消滅しつつあります。玉ノ井についての一文で、墨田区が進めている資料館の設置運動について触れますが、どうでしょう「パンチパーマ記念館」なんていうのも、そろそろどこかに設けてみては？　錦糸公園あたりに、シャガミ（ウンチング）のポーズをとった、ありし日のパンチパーマ青年の銅像――を置いてみたら、なかなか素敵だと思います。いまや、ウンチングポーズもとれずに、地べたにだらしなく尻《しり》もちをつくようになった、堕落した不良たちへの〝訓戒〟の意味もこめて。

さて両国ですが、現在は駅のある墨田区両国が本拠という認識になっていますが、昔は両国橋西詰の現・中央区東日本橋の一画が「両国」で、墨田区側の方は「東両国」の地名でした。よって、東日本橋に暮らす古い住人のなかには、こちらの方を「川向こうの両国」と、遠い目をして語る人がいます。

とはいえ墨田区両国は「田園調布南」のような、行政上の町割で取って付けただけの町名とは違って、「両国の国技館」があって、古くから「相撲といえば両国」といった、それなりの由緒《ゆいしょ》をもっています。ちなみに現在の国技館がある駅北側は町名としては「横網《あみ》」で、相撲のイメージからよく「横綱《づな》」と誤読されます。いっそのこと「横綱」に改名してはどうでしょう。

その国技館に隣接して「江戸東京博物館」が建っています。エレベーターで昇降する、屋根の高い広大なスペースに展示された江戸の町並のレプリカや厖大《ぼうだい》な資料は、さすがこの種の〝歴史系郷土資料館〟の王様、という風格があります。しかしながら、あのコンクリートの巨大要塞みたいな外観は、もう少しどうにかならなかったものでしょうか？　新宿の都庁ビル、なんかと同じいかにもバブリーな時代の行政建築物を思わせる、民衆を威圧するような佇《たたず》まいは、江戸庶民のくらし……などを見せるコンテンツの性格と、どうみても馴染《なじ》んでいません。

総武線の窓越しにあの建物を見るたび、外箱を取っ払って野ざらしで江戸の町並を見せてくれればいいのに……などと考えます。

楽天地の変遷《へんせん》

錦糸町のプラットホームに立って南側を見渡すと、20年も前のこの町を知っている人は、その発展ぶりに驚かされます。真ん中を走る四つ目通りの両側に、ハイテクな佇まいのビルが建ち並び、一見、都心の一等地の繁華街と変わりありません。が、ハイテクなビルの屋上に掲げられたネオン看板をよく見ると、銀座にあるような「SONY」とか「NEC」……といったラインとはちょっと異なります。「武富士《たけふじ》」「アコム」「レイク」「プロミス」……といった、いわゆる大手サラ金会社の看板が正面のいい位置にずらりと勢揃《せいぞろ》いして、隅っこの方に「○Ⅰ○Ⅰ」（丸井）が申し訳なさそうに覗《のぞ》いています。

いいか、悪いか、というコメントは避けますが、こういうところに「一生消せない錦糸町の個性」のようなものが表出されている、という気がします。

錦糸町は当初、千葉方面へ行く総武線の出発点でした。そんな事情で車両工場があったところに、昭和12年、ときの〝都市開発プロデューサー〟小林一三《いちぞう》が劇場をつくり、これが「楽天地歓楽街」の源となりました。戦後は、周辺の町工場労働者たちの娯楽のメッカとして栄え、とりわけ天然温泉（どす黒いゲルマニウム）をウリモノにした温泉会館は、一時期、楽天地の一大スポットとして人気を呼びました。駅南東側にあった楽天地の一帯は、現在は再開発されて「LIVIN」「楽天地ビル」……などが林立しています。洒落《しゃれ》た洋画系シアターが収容されたビルの一フロアーに設けられたサウナ風呂《ぶろ》に、往年の天然温泉の町の香りを仄《ほの》かに嗅《か》ぎとることができます。

南口の四つ目通りを西方に渡ると、丸井のすぐ裏方に場外馬券売場が存在します。いまは「JRA」のロゴを付けたすましたファッションビル風のハコになりましたが、界隈には〝赤エンピツを耳溝にはさんだオッチャン対応〟の呑《の》み屋の類《たぐ》いがちらほらと見受けられます。このあたりで近年数を増しているのは、東南アジア諸国の人々の姿です。フィリピンパブ、香港《ホンコン》エステ、台湾、タイ、インド料理……と、国際色豊かな看板が、あたりの夜の風景を彩《いろど》っています。

さて駅北口に出ると、いまや錦糸町の古参ビルともいえる「ロッテ会館」が建っています。結婚式場とボウリング場、バッティングセンター、レストラン、などを収容したビルで、地階には当然〝錦糸町のお約束〟サウナも用意されていて、ムッとする蒸気の匂《にお》いが玄関口まで漂ってきています。屋上部には、ちょっと素敵なガーデンチャペル、なんぞも設けられていますが、新郎新婦が〝愛の誓い〟をやりとりしているすぐ下にボウリング場やバッティングセンターがある、というのは、思えば凄《すご》いラインナップです。ボウリング場は、いまも近隣に残る中小企業の職場ボウリング大会、などに利用されてなかなかの盛況を呈しています。

北口を西方に歩いていくと、ＪＲの線路端に「マリオットホテル錦糸町東武」を中心に配した高層ビル群が聳《そび》えたっています。ここは以前、貨物駅があったところで、筆者の少年時代（昭和40年代初頭）は、廃車寸前のＳＬを撮影する〝鉄っちゃん〟たちの溜《たま》り場として有名でした。

錦糸町には分相応、と思えるようなゴージャスなマリオットホテル上階のスカイラウンジを訪ねると、千葉の家路の帰り道に寄り道した〝52歳の管理職と男運の悪そうな28歳ＯＬ〟みたいな、背徳的なカップルの姿がそこかしこに観察できます。

南方に向って窓が広がるこのラウンジからは、東京タワーや羽田に降りたつ飛行機、お台場の観覧車、ディズニーランドの花火まで見渡せて、なかなかの眺望です。角度的に、ここからはたもとに並ぶサラ金の看板も見えない、ように演出が施されています。

やはり、こういうスポットが、今様の「楽天地」なのかもしれません。

濹東迷路地区の魅力

錦糸町を中心にした墨田区の南方は、区画された碁盤の目状の道筋になっていますが、押上あたりから北方の京島、東向島、墨田の地域に入ると、道はくねった迷路状となり、なかを走る京成押上線と東武伊勢崎《いせざき》線は、ゆがんだ「χ」の筋を描き、地図を眺めるだけでも道に迷ったような気分になってきます。

駅名としては、小村井《おむらい》、曳舟《ひきふね》、鐘《かね》ヶ淵《ふち》などの趣のある地名が残り、現在「東向島」に改名されてしまった東武線の駅も、以前は「玉ノ井」という古い名を残していました（昭和62年改称）。

玉ノ井は大正から昭和の戦前にかけて、銘酒屋街（酒場を看板にした娼婦《しょうふ》の店）としてにぎわった土地で、永井荷風の随筆や滝田ゆうの漫画「寺島町奇譚《きたん》」などに、その時代の光景が描かれています。狭い迷路状の道の入り口に「ぬけられます」などの奇《あや》しい看板が掲げられた当時の景色を、当然筆者は知りませんが、銘酒屋はともかくそういった往年の町並を多少でも再現すれば、浅草、柴又に次ぐ〝下町の観光スポット〟として注目されるに違いありません。

墨田区は、往年の町の伝統工芸や産業を紹介する、小さな博物館や資料館を各所につくる運動を進めているようですが、玉ノ井の銘酒屋街を扱ったようなものがないのは残念です。悪いイメージ、ということで駅名も変わったのでしょうが、一つの町文化と考えるべき、と筆者は思います。

旧玉ノ井（東向島）の一つ先の駅・鐘ヶ淵は、いまは「カネボウ」の名で通っている「鐘淵紡績工場」のあったところです。カネボウの意匠（ベル型の鐘）が先ではなく、実は綾瀬《あやせ》川が隅田川に合流する淵のところに鐘が沈んでいた——というのが地名の由来とされています。

曳舟駅から京島、八広にかけての界隈は、狭い通りに「マルフク」の看板などをはった古い木造の家や、店先でコロッケなどを揚げ売りするオカズ屋が並ぶ、昔ながらの商店街が残っていて、浅草や柴又を卒業した〝上級下町愛好者〟たち御用達《ごようたし》の地区、となっています。

とはいえ、こういった昔ながらの横丁にも、ちょっと目を離したすきに、最近は〝イタリア三色旗〟を掲げたトラットリア、なんぞが発生していたりします。観光者としては残念ですが、この土地の人々に「一生、ペペロンチーノなど知らずコロッケだけ食って暮らせ！」と強制するわけにはいかないでしょう。

そうやって、少しずつ変わっていくのが町の宿命、というものです。

NEW TOKYO 23ku MONOGATARI

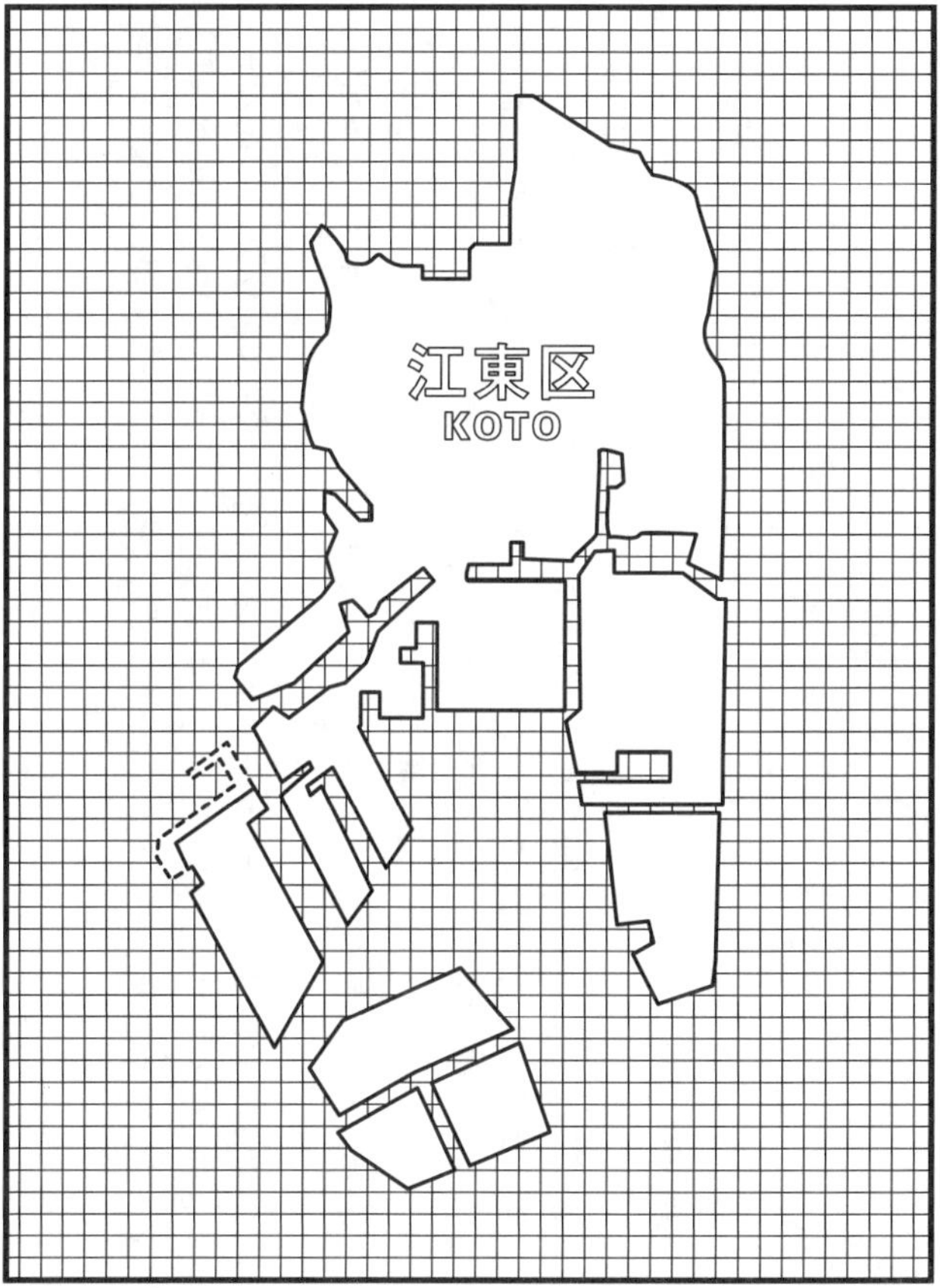

江東区は北端に亀戸《かめいど》の商業街をもち、南には夢の島をはじめとする埋め立て地が広がっています。埋め立て地は区民のレジャー施設や倉庫、そして近頃では、辰巳《たつみ》団地や東雲《しののめ》の都営住宅などのベッドタウン化が進み、湾岸部を中心に人口が増加している区です。

以前は「江東デルタ地帯」「0メートル地帯」「夢の島のゴミ」「砂町の汚水処理場」といった、とりわけ負のイメージがつきまとっていた地域です。

しかし、深川の清澄《きよすみ》には、元・三菱《みつびし》財閥の岩崎氏の別邸庭園として都名園の一つに数えられる清澄庭園、福住、佐賀、永代《えいたい》のあたりは江戸時代、新井白石《あらいはくせき》、伊能忠敬《いのうただたか》、間宮《まみや》林蔵《りんぞう》といった名士の住む場所として有名だったところです。白河には、原宿や代官山と同じように大正末期に建てられた同潤会《どうじゅんかい》アパートもあります。

深川、木場《きば》、亀戸界隈《かいわい》の旧名所と、夢の島、有明界隈の新名所がパッキングされたバラエティに富んだダウンタウンと言えます。

門仲《もんなか》の魔力

中央区の新川から永代橋を渡って江東区の領域に入ると、どことなく「マンハッタンからイースト川を越えてブルックリン地区に入った」というような、空気の違いを感じるものです。まもなく、永代通りと清澄通りが交差するにぎやかな商店街にさしかかります。ここが、いわゆる深川の中心街とされる門前仲町。最近は「門仲」と縮めた呼び名が全国的に浸透するほどになりました。

周辺には安くて旨《うま》いメシ屋や呑《の》み屋が多い、というより、「気さくな下町風の旨いメシ屋が豊富そう」というイメージに、門仲人気は支えられているようなところがあります。実際、指折りの店は一、二軒であっても、とりあえず「門仲に旨い店があるんだよ」と誘われると、そこが仮に大した店でなくとも、シロートは通《つう》っぽい下町のムードに騙《だま》されて、モズクやマグロ納豆も東中野の居酒屋で食べるのと違った味に感じてしまうわけです。「モンナカ」の響きには、そういう魔力が潜んでいます。人形町趣味の〝やや庶民版〟といってもいいでしょう。

さて門前仲町はその名のとおり、寺社の門前町として栄えたところです。その本尊としては、富岡八幡宮《はちまんぐう》、隣接する深川不動尊が思い浮かぶでしょうが、当初は深川不動手前にある地味な寺、永代寺の門前町とされていたそうです。ま、それはともかく、現在は富岡八幡宮の夏祭りが、神田明神、日枝《ひえ》神社、浅草神社の〝三社〟と並ぶ東京を代表する祭礼として、この町の呼びものとなっています。

富岡八幡宮の境内には、歴代の横綱の名を刻んだ石碑、それから近年になって、「巨大な純金製の御輿《みこし》」が参道の一画に飾られています。これは近くに本拠をもつ佐川急便がバブル期に寄贈したもので、初めて担《かつ》ぎ出した際、大きすぎて永代通りの歩道橋にひっかかって通り抜けられなくなって、以来、単なる飾り物になった……という話です。

森下エセ下町ピープル

前章・墨田区の錦糸町のところで書いた「マリオットホテル錦糸町東武」スカイラウンジから南方を眺めると、森下、住吉《すみよし》、大島《おおじま》あたりにかけてのマンションビルの数の多さ、を痛感します。仮に30年も前に同じ景色を眺めたならば、おそらくその一帯は煙突からもくもくと煙が噴き出した、町工場群だったはずです。

工場の多くが埼玉の三郷《みさと》あたりに移転し、都営新宿線が開通して、跡地の大方はマンションに化けました。とりわけ、小さな2ＤＫやワンルーム・タイプの部屋が多い、森下や菊川、住吉周辺の物件には、「高い世田谷や目黒に住むよりは、森下あたりでちょっと下町チックな気分を味わうのもオシャレかも」といった、いわゆるネオ下町趣味の若夫婦や、生涯シングルガールの決意を固めつつある35歳・雑誌編集者……といった人々が入ってきました。

ちょっと北方を走る総武線の錦糸町、亀戸、というと泥臭い印象が強くなりますが、まだ開通して歴史の浅い都営新宿線の森下というと、どことなく新鮮なイメージもある。泥の付いていないダイコン、ほどの下町感が欲しい彼らエセ下町ピープルたちには、格好のポジションといえるわけです。

森下といえば、一九八〇年代初頭、川俣軍司《かわまたぐんじ》の通り魔事件の舞台となったところですが、もはやそういう暗い印象も薄れ、地震の際の液状化現象の危険、にさえ目をつぶれば都心にも近いし、なかなか住みやすい場所といえるでしょう。

ワンルームの小さなテラスに富岡八幡宮の縁日で買ったホウセンカの鉢植えを置き、風鈴をぶら下げて、路地ですれ違った近所のおばあちゃんと「おはようございます」なんてあいさつを交す瞬間、「あたしの人生って、けっこう充実してるかも」と、35歳女性編集者は仄《ほの》かな幸福を感じるわけです。ときに高橋《たかばし》の安いビジネス旅館街の大衆食堂でジャンパー姿の日雇い労働者たちに混じってサバミソ定食を味わい、友が来たときには森下交差点角の居酒屋「山利《やまり》喜《き》」で名物の煮込みを勧めて、「このダシって、実は赤ワインが隠し味で入ってんのよ」などとウンチクを語ってみせます。

しかし、多くのエセ下町ピープルたちは、やはり三年くらいでこの町にも飽きて、スターバックスの飲める西の町へ越していきます。

躍進する埋立地

この二、三十年の間に江東区ほど陣地を拡大した区は他にないでしょう。地理的に見ても、枝川や豊洲《とよす》から下の埋立地の一帯は、江東よりも「江南区」とした方がぴったりきます。

比較的、埋立地としての歴史が古い豊洲は、石川島播磨《はりま》や東京ガスの工業地の中に関連の住宅や都営団地が並び、そういった団地族をサンプルにセブンイレブンの1号店が置かれたところです。

昭和40年代初頭、「ゴミの山」の悪名で呼ばれていた夢の島は、いまやゴミの影も見えない美しい公園に生まれ変わりました。しかし、ゴミは見えないところで活《い》きています。南洋の植物が花を咲かせるドーム型の熱帯植物園がありますが、園内の温度は地下深く埋まった往年のゴミの発酵熱を利用している、という話です。

夢の島南方の新木場一帯は、一九七〇年代後半、北の木場から材木業者が一斉に移転してきた地域です。貯木場にはおびただしい数の木が浮かび、材木倉庫群から発せられるウッディーな香りが周辺に漂い、奥多摩の山へ行かなくても、このあたりを歩くだけで森林浴の気分に浸れます。さらに南へ突き出した若洲にはゴルフ場やキャンプのできる海浜公園が整備され、所々にヤシの樹《き》が植えこまれた海際《うみぎわ》のサイクリングロードなどを自転車で走っていると、一瞬マウイ島あたりのリゾート地に遊びにきたような錯覚にとらわれます。一応午後四時閉園ですが、どこかに隠れて野宿する覚悟を決めれば、対岸にディズニーランドの花火を拝むこともできます。

辰巳、東雲の西の有明の地名は、テニスの「有明コロシアム」と、バブル最頂期の一九八八年夏、倉庫群のなかに忽然《こつぜん》と出現したディスコ「エムザ有明」によって一躍有名になりました（一時期は「エムザ有明」という都バスの停留所まであった）。隣の台場で街の建設が始まる頃、エムザは親元の不動産会社の破綻《はたん》で海に沈みました。いや海には沈まず、しばらくその異様な建物は「バブルの見せしめ」のような感じでそのまま放置されていましたが、二〇〇〇年を迎えて格闘技のスタジアムに変貌《へんぼう》しました。ディスコの建物のまま残して「お化け屋敷」としてオープンする手もあった、と思いますが……（とうの立った当時のボディコン娘が朽ち果てた御立台《おたちだい》でカイリー・ミノーグの曲を踊っていたりする）。

現在は台場と隣接する青海地区の観覧車が、江東区随一の人気スポットとなっています。が、観覧車の順番待ちをする若いカップルたちの誰一人として、ここが亀戸と同じ江東区の領域とは気づいていないことでしょう。

NEW TOKYO 23ku MONOGATARI

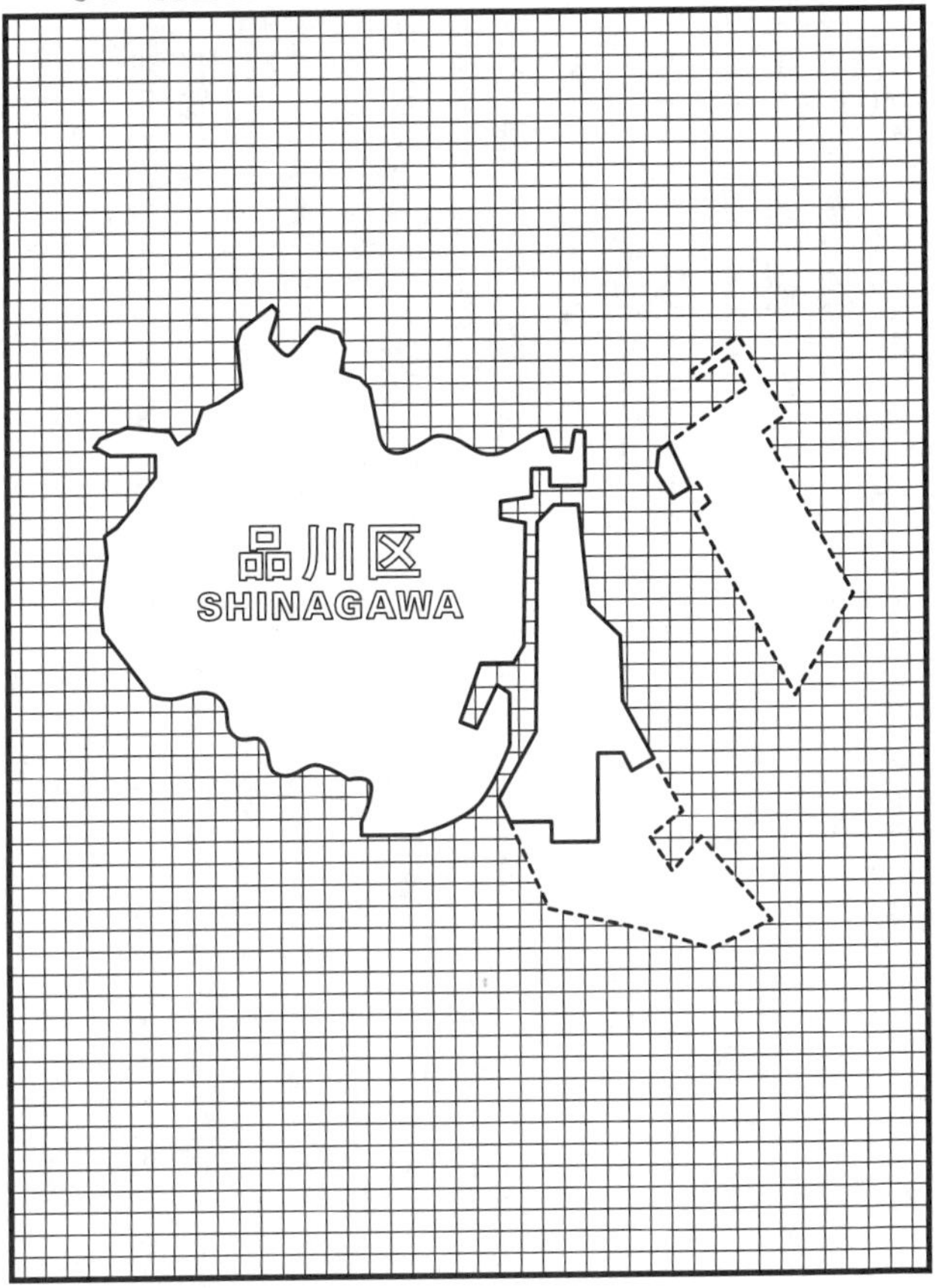

品川駅は港区の領域に入りますが、ここで周辺のことに少し触れておきましょう。かつて広大な貨物駅があった港南口には、新幹線の新駅設置を当てこんで、V・TOWERという高層マンションやショッピングモール・品川インターシティ、などが融合した新市街に変貌《へんぼう》しつつあります。ひと頃まで、夜更《よふ》けの港南口あたりには、駅前の呑《の》み屋で安酒かっくらったサラリーマンがネクタイを頭に巻いてひっくり返ってる……光景などが見られたものですが、もはやそんな〝裏品川〟の風情《ふぜい》も消えようとしています。

さて、本来の品川はご承知のとおり、東海道の品川宿が源で、第一京浜・八ツ山橋先の京急の踏切を渡ったところから始まる「北品川本通り」に沿って、仄《ほの》かながら宿《しゅく》の面影を残す古い町屋が見られます。

この旧東海道をずっと歩いていくと、やがて〝運転免許の町〟鮫洲《さめず》に出くわします。憧《あこが》れの品川ナンバー――はここから発生するわけですが、ナンバーだけはブランド性のある品川も、区の印象となると、もう一つパッとしません。地図に着目すると、この区の一つの特徴して、実に隈《くま》なく鉄道が通っている、ということに気づきます。海側から、JR・新幹線の車庫線、東京モノレール、京浜急行、東海道線、京浜東北線、横須賀《よこすか》線、山手線、大井町線、都営浅草線、池上線、目黒線、都営三田線、南北線。

そして、とりわけ京急、大井町、池上、目黒の私鉄沿線には、〝西の下町〟とでも呼ぶべき、庶民的な町が点在している、という特徴もあります。ではここでは、五反田、武蔵《むさし》小山、天王洲、という三つの性格の異なる町を解説しましょう。

五反田でムチに打たれる人

いつの頃からなのでしょうか、五反田が隠れた風俗地帯、となったのは……。もっとも、キャバレーなどは以前から多い町でしたが、いまやスポーツ紙やタブロイド紙を開くと、五反田の地名がクレジットされたその種の三行広告がずらりと載っています。きらびやかな看板を店頭に出した、わかりやすい店もあるにはありますが、その多くは目黒川の流域と東の島津山麓《さんろく》の低地に林立する、ちょっとくたびれた感じのマンション内に、ひっそりと存在するようです。

そして、三行広告や風俗専門誌を注意深く眺めてみると、あることに気がつきます。ジャンルとして「ＳＭ」が圧倒的に多い。これは、数年前に殺された、慶大出の青年がこの界隈《かいわい》のマンションでＳＭ風俗をやって当たった――のが発端、などという説を聞いたこともありますが、山あり谷ありの起伏に富んだこの町の風土と、ＳとＭという対極的なプレイ、その間に何らかの因果関係があるのかもしれません。

料金体系をよく見ると、〈Sプレイ↓3万　Mプレイ↓1万5千〉などと、概《おおむ》ねは、お客がMをやる方が安い。この1万5千円見当の差額は、やはり「イタかったりする分の見返り」と、逆に「S」が高いのは「従業員の女性がイタかったりした場合の慰謝料」などが考慮されたものと推理できます。しかし、M男の場合は「ときに好物のお聖水まで飲ませてもらって、安い」のですから、これはありがたいことでしょう。

プレイに関する詳しい解説はともかく、この町を広い目で眺めてみると、島津山のレストラン「ヌキテパ」あたりで清泉のお嬢様が「野生トマトのムース」なんぞに上品にフォークを当てている最中、すぐ先のマンションの一室で女王様にムチで打たれている男がいる……わけです。五反田はなんとも懐《ふところ》の深い町、といえるでしょう。

武蔵小山のアーケード人

目蒲《めかま》線（現・目黒線）に乗って武蔵小山で降りると、まず驚かされるのが、駅前から中原街道の平塚橋交差点に向って延々と続く、長いアーケードの商店街です。ここは「雨にもぬれずにお買い物……」のキャッチフレーズのもと、アーケードを採用した商店街で、出来た当初は各地の商店街から視察の集団が続々と訪れた、といわれています。

この武蔵小山と隣の西小山、池上線の戸越銀座、大井町線の荏原《えばら》町、といった所は、かつて町工場が密集していた地域に発生した商店街——という性格上、荒川や墨田区あたりによく見られる、ヤキトリやコロッケを店頭売りする惣菜《そうざい》の店や、古いつくりの八百屋や魚屋……などが目につきます。ふと、いまにも〝AMラジオでレポーター仕事をする毒蝮三太夫《どくまむしさんだゆう》やラッキー池田がマイクを持って現われそうな〟庶民的な店屋の筋が続いています。

お高いイメージの東急沿線のなかで、場末のローカル線じみた風情を保っていたこの沿線の町にも、着々と都心からの〝進化の波〟が押し寄せてきています。長年、古びた青虫みたいな電車をトロトロと走らせていた目蒲線は、車両をジュラルミン色のワンマン車に改めて、蒲田方面へ行く区間を切り捨てて、名前も目黒線と改称しました。蒲田を捨てたこの線は、麻布の方からやってくる地下鉄と直結し、田園調布で東横線と合流します。

蒲田を捨て麻布にハシった旧目蒲線。なんというか、田舎から出てきた素朴な男が都会生活に馴《な》れて悪いアソビ人になっていく——ふと「木綿のハンカチーフ」のメロディーが浮かんできて、目頭が熱くなってきます。

いまや西小山の乾物屋のオヤジまでが、「六本木の方までアクセスできるようになったんだよ」なんて、物言いをするようになりました。

都《みやこ》の流れなど気にもとめずに、アーケードの下でのんびりと買い物をしていた武蔵小山の人々も、「雨にもぬれずにお買い物……」だけではもはや満足できないでしょう。

イタリアの空みたいな天井が朝、昼、夜と色合いを変える——そんな「ヴィーナスフォート」みたいなアーケード街に改築しないことには、そろそろダメかもしれません。

忘れられた島　天王洲

一九九〇年代初頭、浜松町から羽田へ向かうモノレールの沿線に「天王洲アイル」という奇妙な名の新駅と、周囲にNYのバッテリーパークをセコくしたような高層ビル街が、忽然《こつぜん》と出現しました。

天王洲——ここはその名のとおり、もともと目黒川の河口に生じた〝土砂がたまった〝洲だった地で、考えてみれば「洲」の下に「アイル」（島）とくっつけるのは、おかしなネーミングといえます。

ともかくここは、先の「港区」で記述した「芝浦ウォーターフロント」の延長的なスポットとして、アーバンリゾート風ホテル、シャレたコンサートを催すホール、ショッピングモール、高層ビル上階の〝夜景を見せるBAR〟……などに、一時期人々が押し寄せました。

ところがここも、芝浦と同じように、海の沖にさらに派手な島・お台場が出現したことによって、影が薄れます。海際《うみぎわ》のデッキ沿いで肩を寄せ合って、対岸のアサヒビールのネオン看板だけが妙に目につく、さほど大したことのない夜景を眺めてガマンしていた男女の番《つがい》たちは、東京タワーやレインボーブリッジが見える「お台場海浜公園」のビーチに渡来していってしまいました。

ここ天王洲アイルは今、夏の東京湾花火大会の夜を除いて、「忘れられた島」となっています。そして、この土地のオフィスへ通う人以外、羽田へ向かうモノレールが混む、単なる迷惑な駅と化しています。

NEW TOKYO 23ku MONOGATARI

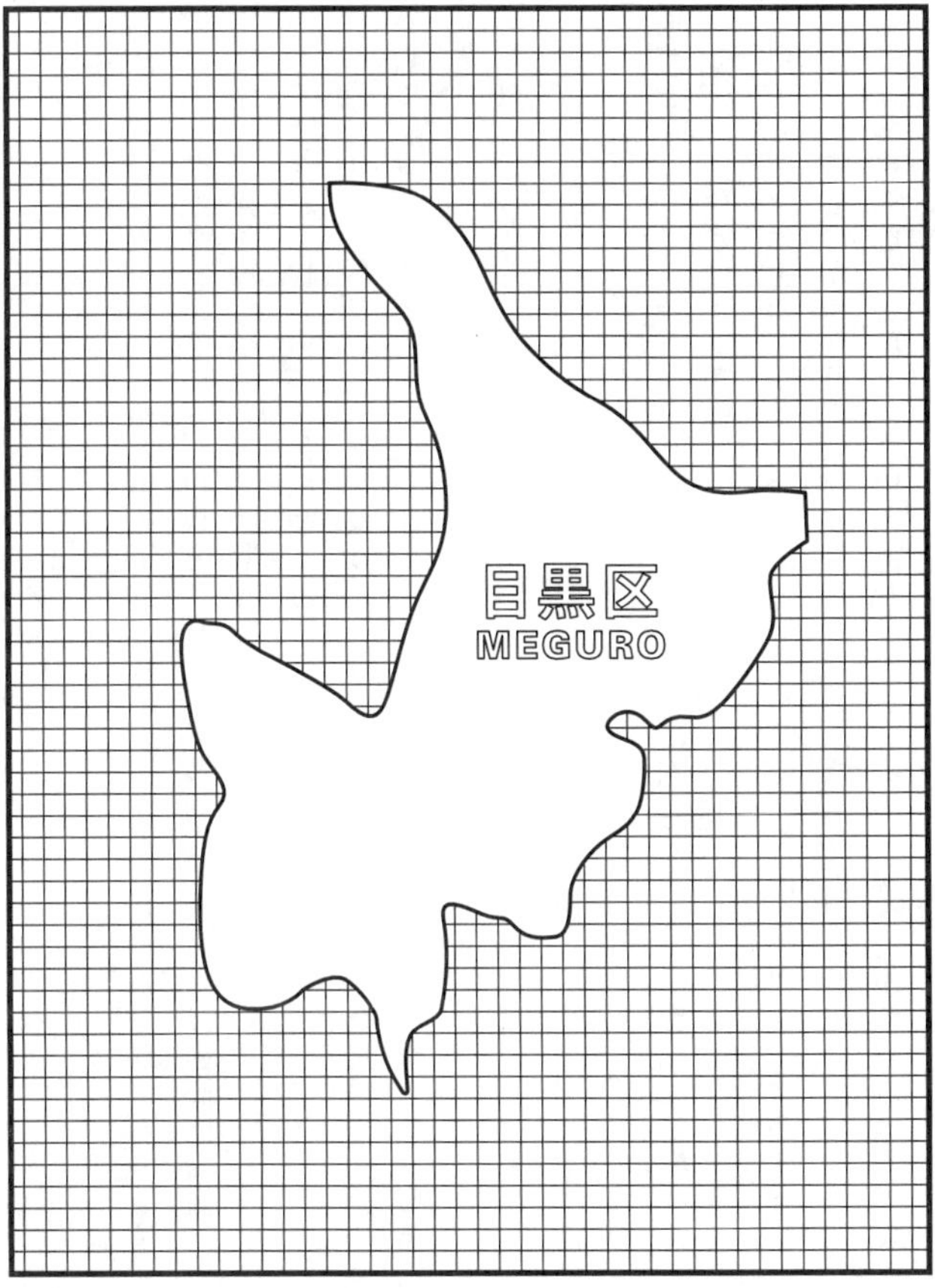

目黒の名は、江戸五色不動の一つ「目黒不動」に由来します。ちなみに五つの不動は、江戸城の守りとして配されたもので、目黒と並んで有名な目白不動は豊島区高田の金乗院、目赤は文京区本駒込《ほんこまごめ》の南谷寺、目青は世田谷区太子堂の教学院、目黄は江戸川区平井……にあって、どれも目の色が各色に塗り分けられていました。

山手線の駅は品川区の領域に入っていますが、これは本来、目黒不動尊に近い目黒川沿いに線を敷く計画だったところ、川沿いの農民が田んぼを潰《つぶ》されるのを嫌って、東方へ追いやった……という逸話があります。

区内には、鷹番《たかばん》、碑文谷《ひもんや》、洗足《せんぞく》、いまは消えましたが油面《アブラメン》、などと、面白い町名が目につきますが、鷹番は〝江戸の将軍が狩りに訪れた際の、鷹の番をする小屋があった所〟、有名な「目黒のサンマ」の謂《いわ》れも、徳川家光が狩猟の帰りがけ、茶屋で出されたサンマの味がことに気に入った……というエピソードに因《よ》るものです（実際、そのサンマはどこで漁《と》れたものだったのでしょう?）。

無論、目黒でサンマは上がりませんが、碑文谷や八雲は、戦前までタケノコの産地だったところで、現在も僅《わず》かばかりの竹林を保存した公園などが設けられています。また、目黒通りに「元競馬場前」というバス停がありますが、この「元」はかなり古い元でして、昭和8年、府中に東京競馬場が移転するまで、このあたりに広大な競馬場が存在したのです。

ところで有名人が「目黒に住んでます」などと語った場合、その目黒は東方の駅寄りの目黒ではなく、大方碑文谷や柿《かき》の木《き》坂、八雲あたりを指します。この区は、駒場や青葉台の一部の地区を除いて、西高東低の構図が如実《にょじつ》に表われている区、なのです。

賃貸マンション・ランキング

この区内の東横線には、中目黒・祐天寺《ゆうてんじ》・学芸大学・都立大学・自由が丘の五駅が存在しますが、賃貸マンションの聞こえの良さでランキングをつけるとすると、①自由が丘、②都立大学、③学芸大学、④祐天寺、⑤中目黒と、西高東低の型になります。②③④の格差はほとんどないのですが、自由が丘に近いほど高く、中目黒に近いほど低い、という傾向があります。

中目黒の場合、一つには、渋谷から進んできて代官山との落差が大きなマイナスになっている、と見ることができます。「郊外高級住宅」の意識をもって、この沿線を選ぶ人々にとって、代官山のトンネルを抜けた後にくるあの中野チックな風景は、負のイメージがあるようです。

このあたりの賃貸マンションを選ぶときに、大切なポイントとなるのは、「いかに自宅っぽい気持になれるか」ということでしょう。

駅を降りたときに、最寄りの高級住宅に両親と一緒に住む自宅の子、の気分に浸りやすい風情《ふぜい》が、どうも自由が丘に近づくほど強くなってくるようです。自由が丘には「奥沢」、都立大学には「柿の木坂」、学芸大学には「碑文谷」、祐天寺には「五本木」といった、いかにも自宅っぽい地名《エーリア》が控えているのに対し、中目黒の場合は、〝上目黒三丁目の下宿〟〝青葉台の低地のアパート〟といった、貧しい環境がストレートに浮かびあがってしまいます。ただし、この界隈でも唯一、青葉台一、二丁目の番地数の小さい台地には、こういった低地のアパートをせせら笑うかのように、かつての美空ひばり邸をはじめとする高級邸宅が並んでいます。

中目の芸能人

前の項で中目黒に付きまとう「どことなく安っぽい印象」について書きました。が、平成の時代に入る頃から、喧騒《けんそう》な観光地になりすぎたお隣の代官山から避難してきた古着や小物の店が、駅東側の商店街にぽつぽつと増えはじめ、目黒川の流域には「勝負の賭《か》かったデート」に使えるレベルの、小洒落《こじゃれ》たレストランの類《たぐ》いも出店してきました。

このあたりの川沿いには桜並木が続き、大きなゴザを広げられるほどのスペースはないものの、近隣に暮らすアパレル関係者たちの、格好の花見スポットとなっています。

山手通りから西に向って延々と続く「目黒銀座商店街」は、依然として東横沿線の中野、的風情を保っていますが、一画では再開発の工事も進行中です。目黒銀座周辺には、ピザや焼肉、エスニック料理……などの隠れた名店も多く、代官山や恵比寿《えびす》と比べて〝シロート客〟が少ないことや、近隣に「田辺エージェンシー」があることから、芸能人の〝お忍び会食地域〟としても人気を博しています。

とはいえ、「中目に住んでいる、中目でアソんでる」などと語る芸能人は、概《おおむ》ね安いクラスの人々で、サクセスした高い芸能人が「目黒の方に住んでいます」と語った場合、この目黒は大方、西部の「柿の木坂」「八雲」といった地域を指します。

ちなみに、近頃のバラエティー番組を飾る、お笑い芸人やバラドルの住地の傾向として、まず中野（主に中野新橋周辺）の安アパートを出発点に、次のステップがこの中目、そして芸能人御用達《ごようたし》の洒落たＢＡＲの類いが多い三宿周辺へ上り、このあたりで大方はピークを過ぎて故郷《くに》へ帰り、コメンテーター席から番組を仕切る司会席にスライドできたひと握りの成功者たちだけが、先の碑文谷、柿の木坂、八雲といった、栄光の目黒に「ワイドショーが撮影にやってくるような邸《やしき》」を構えることができるのです。

中目の安い芸能人たちは、八雲の豪邸のインタフォン越しに前田忠明とやりとりする絵を思い描きながら、横並びの席の隅っこから虎視《こし》眈々《たんたん》と薬丸裕英《やくまるひろひで》やヒロミの位置《ポジション》を狙《ねら》っているのです。

自由ヶ丘夫人、いま昔

自由が丘は、昭和2年に東横線が開通した当初、九品仏《くほんぶつ》の駅名でした。が、その二年後、大井町線（田園都市線）の開通で本来の九品仏（これは最近〝銃撃事件〟でもめた浄真寺の俗名）近くに駅が出来たため、こちらは近隣に開校した「自由ヶ丘学園」の校名をいただいて、界隈《かいわい》の町名も「自由が丘」となったという経緯です。

マス目状にきっちりと区画整理された土地に、戦前から洋風の洒落たお屋敷などが建ち並ぶようになって、昭和30年代、「よろめき夫人」という言葉が流行《はや》る中、武田繁太郎《しげたろう》が〝有閑マダムの生態を描いた〟小説「自由ヶ丘夫人」の舞台になりました。

東宝で映画化されたこの作品（昭和35年）では、都心の大手会社の重役夫人に扮《ふん》する新珠三千代や淡路恵子が、家の応接間にダンス講師を招《よ》んでマンボのレッスンに励んだり、駅前の田村魚菜料理学園でフランス料理を習ったり、いまでいうコマダムのような生活ぶりを演じています。

朝、ダンナ役の池部良や有島一郎が出勤（車で）していく間際《まぎわ》に、各夫人が以下のようなセリフを吐くシーンが印象的です。

「アナタ、今晩のお料理はビーフステーキ・カルメンシータ、ですのよ。早く帰ってらしてね」

ビーフステーキ・カルメンシータ？　ナンじゃそりゃ！

おそらく、当時田村魚菜センセエが開発したと思われる洋風料理なのでしょう。ともかく、コンサバマダムの地・自由が丘の風土は、すでに昭和30年代の頃から出来あがっていた、ということがよくわかります。

ところで自由が丘は、東急沿線の多摩川近くのオシャレタウン、ということで、二子玉川と似たような町としてよく語られますが、いくつかの性格の違いが窺《うかが》えます。

玉川高島屋という、大きな拠点を持つ二子玉川に対して、自由が丘には、駅前に古くからある「自由が丘デパート」という、はっきりいってショボい物件以外、これといったデパートは存在しません。（最近ようやく改装されましたが）

そして、前者は〝玉高《タマタカ》〟をめざしてやってくる、多摩川の向う岸、川崎・横浜北部の丘陵民族をも受け容《い》れているのに対して、自由が丘の方は〝向こう岸の人々〟を寄せつけない排他的な雰囲気があります。

かつて「自由ヶ丘夫人」の屋敷のモデルとなった、坂上の邸宅街の所々には、近年、カリフォルニアのリゾート地（モントレーとかカーメルとか）などでよく見られる、中庭を囲むようにブティックやカフェが軒を並べる、小ぢんまりとしたショッピングモールが続々と発生しています。

現在の自由が丘夫人たち（近隣の八雲や奥沢も含む）は、こういったご近所の店で「VERY」のグラビアを飾るような、気品漂うお洋服を何気でチェックして、並びのカフェで難解なハーブ草の名を掲げたティーをたしなみつつ、「私たちだけの自由が丘」を満喫するのです。

NEW TOKYO 23ku MONOGATARI

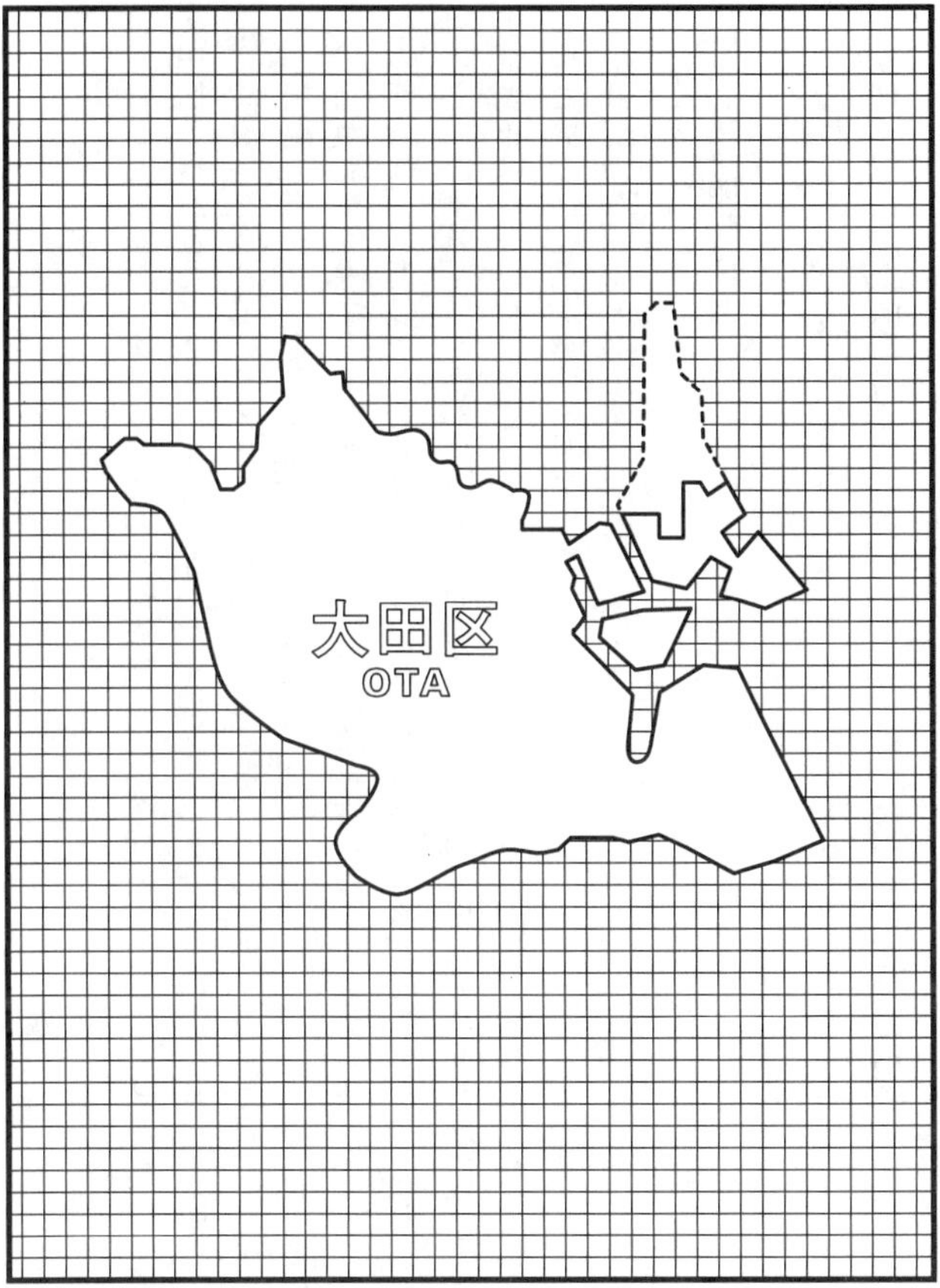

大田区は、ほとんど京浜工業地帯の煙がモクモクしている地域、というイメージがあります。大田区と言われたとき、まず思い浮かべる地区といえば、羽田、そして羽田に向かって東京湾沿いを進んでいくときの平和島、大森南あたりの工場、倉庫風景。ごみごみとした、川崎を思わせるような蒲田《かまた》の繁華街風景。

このとき、北西端に位置する田園調布の存在は、ほぼ忘れられています。

大田区という区は、以上のように沿岸の工業地のインパクトが強い区ですが、実際、面積的に見ると、西半分、おおまかに見て東海道線から山側の地域は典型的な城南住宅街です。田園調布はともかくとして、上池台、東雪谷《ひがしゆきがや》、久《く》が原《はら》、山王《さんのう》といったあたりにも、おちついた高級住宅街が形成されています。

では、まずは空の玄関口・羽田から案内しましょう。

飛行場とお稲荷《いなり》さん

羽田空港が〝わが国初の民間飛行場〟としてオープンしたのは昭和6年のこと。終戦直後の頃までは、現在の整備工場北方のあたりに短い滑走路があるだけの小さな飛行場で、穴守稲荷という神社が、いまの飛行場の敷地内に建っていました。

　そんなちっぽけな飛行場は敗戦で米軍に接収されて、ＧＨＱ（進駐軍）の手によって、最初の拡張工事が施されます。このとき、穴守稲荷は現在の場所に移転されましたが、もとの赤鳥居だけは空港内に残されることになりました。なんでもこれを取り壊そうとするたびに、不吉な事故などが頻発して、結局いまも敷地内に〝空運の守り神〟として祀《まつ》られています。

　モノレールと張り合って京浜電鉄の主要路線となった空港線も、もともとはこの穴守稲荷へ参拝客を運ぶための支線として敷かれたもので、こちらは空港よりもずっと古く、開通は明治35年。空港前のドブ川に「海老取川《えびとり》」の名が付いているように、当時の羽田は、魚介を採る人々が暮らす漁村で、昭和30年代の前半までは、このあたりから大森にかけての浜が、「浅草海苔《のり》」の産地として有名でした。

　いまや〝羽田の町〟というと、ほとんどの人は空港ターミナルビル「ビッグバード」のショッピングモールの景色……などを思い浮かべるでしょうが、本来の羽田の町は弁天橋を渡った先の旧道沿いに、古びた町並が続いています。空港からモノレールにも京浜急行にも乗らず、蒲田行きの路線バスに乗車すると、その町並を観光することができます。お暇な方は、どうぞ……。

危ない「田園調布」

成城、松濤《しようとう》、深沢、最近では八雲、岡本……と東京の高級住宅街もいろいろありますが、やはりその筆頭というと、いまだ「田園調布」ということになるでしょう。

大正7年、イギリスのレッチワースの町をヒントに渋沢栄一が計画建設したこの住宅街は、駅前から放射状に延びた並木道の間に、ゆとりのある屋敷が配置された——他に類を見ない美しい町並に仕上がっています。ま、現在では周囲までぎっしりと宅地が押し寄せてきていますが、大正年代の地図を見ると、まわりは畑や田んぼばかりですから、出来た当初は〝イングランドのカントリーハウス〟のムードがいっそう漂っていたに違いありません。プラットホーム越しにおちついたロータリーが望めた、以前のいい感じの光景は駅の地下化によって消えましたが、洋風建築の趣のある駅舎は、鉄筋コンクリートで外観が復元されることになりました。また新駅の一画には、「トレッセ」という高級スーパーが設備され、マニアックな品種名を掲げた厖大《ぼうだい》な数の野菜や鮮魚が、植物園や水族館のように陳列されています。

と、ここまで語ってきた田園調布とは、駅の西側、宝来公園前の通りまでの主に三丁目の話ですから、気をつけて下さい。真の田園調布とは、きれいな扇形に区画されたこの三丁目の界隈《かいわい》、そしてその先、四丁目、五丁目の多摩川河岸段丘の崖上《がけうえ》までと駅東側・一、二丁目の坂上の一帯あたりまでが、玄関先にセコムのステッカーが目につくまあまあ許せる田園調布で、他は〝ブランド〟のラベルだけ貼《は》ったバッタモン、と考えてください。

中原街道の南側に「田園調布本町」というのがあります。通常「本町」などと付くと、おおもとの町と錯覚しますが、ここはもはや雪ヶ谷大塚や沼部の駅から近いところで、まるであの田園調布的な町並ではありません。さらに沼部駅の横っちょに、多摩川に張りつくように「田園調布南」というのが存在します。もうこのあたりまでくると、浅間山の麓《ふもと》くんだりで「軽井沢」と謳《うた》った分譲地を売り出す感覚と一緒です。

こういったニセ田園調布の安アパートを探して、合コンの席上などで名刺を渡して、何も知らない女子を騙《だま》す輩《やから》がいます。「本町」「南」のクレジットにはくれぐれもご注意を！　地図でコマメに確認し、現場を予《あらかじ》め視察してから、おつきあいするよう心掛けて下さい。何よりまず「田園調布で一人暮らし」というところからして「怪しいぞ」と考えなくてはいけません。

安くてウマい「蒲田」

大田区は「大森区」と「蒲田区」を合体した区名で、「田」は紛れもなく「蒲田」の田なのですが、ここはどことなく、東京の隣の川崎、鶴見《つるみ》などと並ぶ神奈川県の小都市、のような印象があります。

ＪＲと京急の駅が隣接するように思いこんでいると、この間は一キロ近く離れていて、泡を食います。繁華街は主に二つの駅間に広がり、この町でひときわ目につくのは、焼肉やギョーザの店の看板と、ＪＲの駅前に「これでもか！」とばかりに林立する会員制デパート「ユザワヤ」のビル群です。

家電製品から洋服、雑貨、文房具……棟ごとにずらりと陳列された商品は一般の人でも買えますが、通常の値札と並べて、ぐっとお安い会員価格の札やシールが張り出されていて、思わず「ユザワヤに入信しようか……」という気分にさせられます。

ちなみにユザワヤの拠点は、ここともう一つ、吉祥寺駅《きちじょうじ》の周辺。筆者の知人に、吉祥寺で生まれ育って、結婚して蒲田に越した、という人間がいますが、まるで違った町の性格から考えて「ユザワヤに引かれた」としか推理できません。

焼肉、ギョーザ、ユザワヤ……。決して品がいい、とはいえない町の印象をガマンすれば、ここは安くてウマいもの、いい品物が揃《そろ》って、また空港にも近い、とても暮らしやすい町といえるでしょう。

先の「ニセ田園調布人」たちは、ユザワヤの会員になって、目蒲線（現・多摩川線）にこっそり乗って蒲田に買い出しにやってきます。

ナゾの西六郷少年合唱団

蒲田の先の多摩川べりに、西六郷という町があります。ここから仲六郷、東六郷、南六郷にかけての一帯は、金型などを生産する工場街として有名なところですが、西六郷というと、40代以上の読者のなかには「西六郷少年合唱団」の名を思い浮かべる方も多いことでしょう。

そう、「鉄腕アトム」の主題歌を唄《うた》った「上高田少年合唱団」に対して、片や「鉄人28号」のサブ・テーマ曲「進め正太郎」を唄っていたのが「西六郷少年合唱団」。

中野の外れの上高田、蒲田の外れの西六郷、このマイナーな二つの町は、少年合唱団の名としてある世代の人々の記憶に刻まれています。

ところで西六郷の町を歩き廻っても、「少年合唱団の家、この先↓」なんて看板は見当らず、ましてや爽《さわ》やかな少年たちの唄声は聞こえてきません。

西六郷少年合唱団はいったいどこに隠れているのでしょう？　一つ推理できるのは、西六郷の町に「鉄人」のスポンサーだった江崎グリコの東京工場が存在することです。このグリコの工場のなかで、少年合唱団はアーモンドチョコレートを与えられながら、秘密裡《り》に養成されていたのではないでしょうか？

グリコに問い合せようかと思いましたが、勝手に想像する方が面白いのでやめました。

NEW TOKYO 23ku MONOGATARI

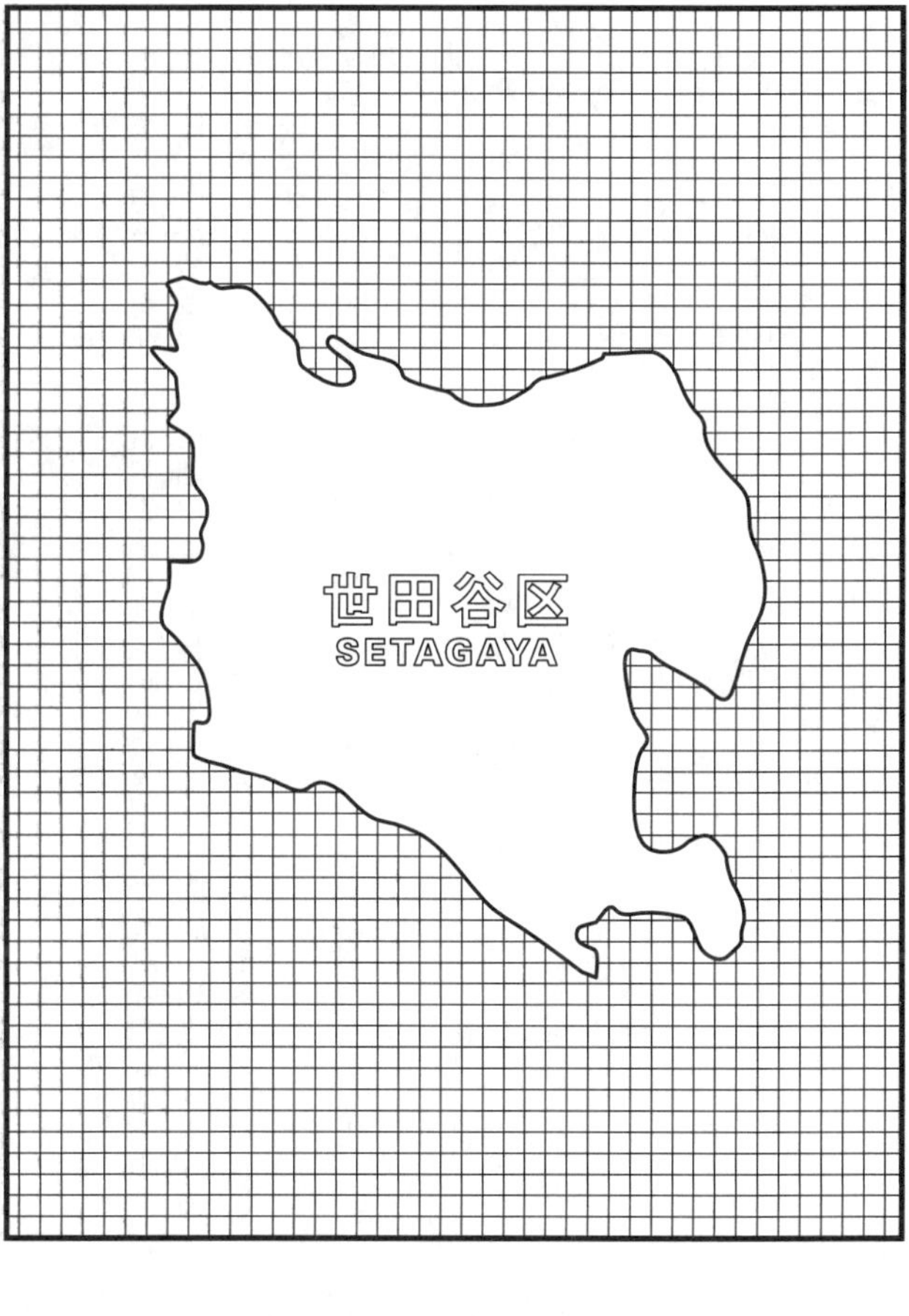

面積58・80平方キロメートル。これは23区中最大の規模です。昭和40年代後半、環八が全通するまでは、西部地区を中心に畑地と雑木林が目立ち、区内屈指のカブトムシの産地として知られていましたが、最近は建売住宅、マンション、デニーズなどに変貌《へんぼう》し、かつての田園風景はほとんど望めなくなっています。

区内でも南部の多摩川沿いの台地・奥沢、尾山台、野毛《のげ》、瀬田《せた》にかけての一帯と、南西部の成城は、いわゆる羨望《せんぼう》の住宅地域となっています。

世田谷は古くから、芸能人、スポーツ選手、文化人たちが多く住んでいる町でした。先の成城、瀬田をはじめとして、北沢、代沢、深沢、駒沢《こまざわ》、奥沢と言った「世田谷五沢」の地名には、いまでも多くの有名人が住んでいます。かつては、成城を除けば、他の地域はわりあいと地価が安く、環境が良い（東宝撮影所や多摩川のグランドにも近い）といった点が影響しているのではないか、と思われます。

世田谷に住む人々は、一般的に「中流の上」クラスの経済環境をもつイメージがありますが、やはりこの区内にも地域による生活様式の差はあります。下北沢、二子玉川、成城、岡本、三軒茶屋、三宿――これらの人々のくらしぶりを例に、世田谷を見つめていこうと思います。

とりあえず下北

世田谷の北東端に位置するのが下北沢です。世田谷は南端に自由が丘、田園調布にまたがる奥沢、南西端に成城、東部に三軒茶屋と、特徴のあるコマを豊富にもっている区と言えます。なかで下北沢は小田急線による新宿文化と京王井の頭線による渋谷文化が混交した独特の雰囲気を漂わせている町です。

下北沢に人が集まってきたのは基本的にはこの渋谷にも新宿にも一本で出られる、という交通の便によるものでしょう。が、そういった環境としては、同じ世田谷区内に、やはり新宿に出る京王線と渋谷に出る井の頭線の交わる明大前（松原）という町があります。しかし、明大前は、下北沢と較《くら》べてどうみても地味な存在であるし、「どこに引越ししようか？」と考える際に下北沢が第一候補とすると、明大前は第五候補くらいでやっと思いつくほどの知名度やイメージに差があります。

この差は何なのでしょう。というか、下北沢という町が、とくに一人暮らしをする大学生たちの住地として東京随一の人気を誇っているその理由はどこにあるのでしょうか。

大学生（男女をとわず）たちがさて一人暮らしをはじめようと思いたった際に、まず理想の町としては麻布であるとか青山、代官山あたりが浮かぶはずです。しかし、それはよほど故郷からの仕送りが多い一部の環境の人たちを除いて、一瞬《ひととき》の理想として終るわけです。で、手の届きそうなクラスの中で筆頭にあるのが下北《シモキタ》、簡単に言えば住地としての下北沢の位置というのはそういうものなわけですが、ここで大切なのは、はじめから「青山っぽい東京」に対して恐怖感ないしは拒絶感を抱いている地方出身の学生たちの存在です。彼らは、遊び場としては六本木や渋谷よりも新宿や高田馬場に親近感を感じ、住地としても妥当にいけば中野や高円寺を選ぶ人たちです。そんな彼らが、ちょっと背伸びをして、わずかばかりの渋谷、青山っぽさも味わいたい。たとえば、大学一年の夏までは新宿サブナードあたりでゆるいショッピングをしていた素朴な女子大生が、テニスの合宿でちょっと遊び慣れた風の先輩とねんごろになり、西麻布のバーなどにはじめて連れていかれた。わ、ああいう世界もやっぱりいいなぁ……と思った彼女は、それまで通っていた近所の中野区新井の美容院をやめて、勇気を出してはじめて青山あたりのカリスマ系へアサロンに足を踏み入れる。そして、そんな彼女がお引越しを決意したとき、あ、ここなら私みたいなコでも……とわりとすんなり選べるのが下北沢、というわけであります。

つまり、下北沢という町の魅力はポップスに深い知識をもった音楽通からも、はたまたBGMとしての洋楽モン好きの遊び人のコからも、洋楽音痴で歌謡曲しか聞いたことのないコからも受け入れられるサザンオールスターズのような間口の広さと、言い方をかえれば「お手軽なおしゃれ感」を味わわせてくれる町と言えましょう。

下北沢　博物観光ガイド

さて、そんな下北沢の町を細かく解説していきましょう。

先に書いたように、ここは小田急線と井の頭線とが×点に交差したところに形成された町です。世田谷特有の迷路じみた道筋のなかに、この×点上の鉄道交差があるため、よけいややこしくなっています。

ではまず「×」の北側のブロック（地図参照）から眺めていきましょう。小田急線の北口に出ると、東寄りの一角に「下北澤驛前食品市場」という古い字体の看板を出したマーケットが見えます。終戦直後のヤミ市から発展した一帯で、トタン屋根の下の仄暗《ほのぐら》い通路沿いに、小店がひしめきあうように並んでいます。

八百屋や乾物屋……などに混じって、ジーンズやスニーカーを並べたアメリカ輸入衣料の店が何軒か存在します。一九七〇年代の頃、なかにあった「るーふ」という店は、

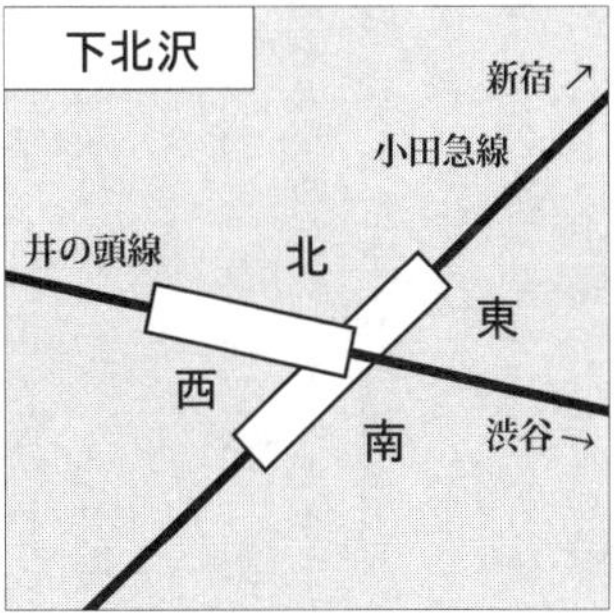

レアなリーバイスやリーを採集できる名店として、初期ポパイ少年たちの間で有名でした（現在、惜しくも廃業）。いまだ営業を続ける衣料店の主《あるじ》も、みな白髪の目立つ高齢者となって、時代の趨勢《すうせい》を感じさせます。

「裏原宿」（渋谷区）あたりでの〝お宝ジーンズ採集〟に飽きた諸君は、是非一度、この戦後の匂《にお》いの残るデニム採集地を訪ねてみてください。乾物屋の傍《わき》のケモノ道のような小路に入りこんでいくと、いまや23区内では絶滅寸前の「ぽっちゃん便所」（しゃがんだスグ底にウンコがある）に遭遇することもできます。

駅前食品市場の東側の口を出て、小田急線の踏切を渡ると、×の東ブロックに入ります。このブロックは、「小劇団地帯」とでも名づけましょうか。「本多劇場」「駅前劇場」「スズナリ」……といった劇場ができて、一九八〇年代の頃から、野田秀樹《ひでき》や鴻上尚史《こうかみしょうじ》、ワハハ本舗、……といった新々劇系の公演に集まる若者たちのメッカ、として発展しました。「本多――」は割合とゴージャスな劇場ですが、「鈴なり横丁」という古びた一杯呑《の》み屋街の二階部にムリヤリこさえたような「スズナリ」は、入口で配布されたビニール袋に靴を入れて小屋に押しこまれ、人気公演の場合は「もう5センチ、つめてください」などと若い劇団員に再三指示されて、スシ詰め状態で二、三時間の舞台を鑑賞することになります。「スズナリ」を好む劇団のなかには、グロ志向のところも多く、ときに舞台から役者の履いてる汚い靴下とか、痰《たん》……などが〝ブラックなギャグ〟として客席に飛んでくることもあります。

酸欠状態のなか、クサい靴下や痰などを浴びせられても、マゾな観客たちは満足してスズナリを出て、あずま通り沿いに並ぶ「一皿・三百円」くらいの安い小皿料理が揃《そろ》った台湾料理屋に入って、渇ききったノドを青島《チンタオ》ビールで癒《いや》し、老酒《ラオチュー》を空けながら夜明けまで「芝居論」と「貧乏生活自慢」を語り合うのです。下北沢の界隈《かいわい》で、路端《みちばた》に最も吐《と》瀉物《しゃぶつ》が見られるのも、このエリアです。

南ブロック、西ブロック

あずま通りの井の頭線のガードをくぐって、×の南ブロックに入りましょう。駅の南口に出ると、目の前にマクドナルドが見えるブロックです。マクドナルドの角から南方に延々と続く「南口商店街」と、東寄りから下りてきた「あずま通り」とがやがて合流し、さらに代沢の三差路に向って店屋の筋は続いていきます。この一帯が下北沢で最もにぎやかな地域、といっていいでしょう。

古着屋やコミック中心の古本、CDの店、カラオケボックス……いろいろとありますが、やはり一番目につくのは飲食店。最近は、ベトナム、アフリカ、モンゴル……といったエスニック系の店も脇道《わきみち》などにぽつぽつと増えていますが、もっとも下北的なのは、以下のタイプの店でしょう。

手羽大根　おからチーズ　ピリカラ焼

茄子とアスパラの明太チーズ焼

などと、相田みつをや表参道の路上詩人みたいな筆字で品書きが掲示された、和洋折衷惣菜《そうざい》をウリモノにした店です。この町で成功して、その後六本木などにも進出した「楽」の影響が大きいのでしょう。漢字とカタカナを合体させたようなネームが主流で「ピリカラ」とか「パリパリ」といった感覚的表現も、下北発祥の料理フレーズ、と思われます。

そして、酔心、男山、澤乃井《さわのい》、などと、意外と日本酒の銘柄を看板にしている店が多いのも、下北沢の一つの特徴です。

この南ブロックの所々には、先の演劇青少年たちよりもやや小綺麗ななりをした、いわばフツーの若者たちが、iモードをポチポチやりながら、意味なく溜《たま》っていたりします。

小田急のホーム下をくぐった西ブロックの一帯は、界隈で最も寂しい地域、といっていいでしょう。駅の間近まで通常の民家が迫り、南ブロックのにぎわいはパタッと途絶えます。東方の繁華街から迷路じみた道をウネウネと歩いてくると、もはや大方の人は方向感覚を失っています。そんなところに、ぽつんとラブホテルがあったりします。

下北に通じた男は、東や南ブロックの居酒屋で「酔心」などを飲ませて女子を酔っぱらわせて、迷路状の道で方向感覚を失わせた挙句、ここで仕上げをする——という段どりになっているわけです。ただし、馴《な》れない初心者はゴールのラブホテルに辿《たど》り着けずに、あたりの袋小路などに行きあたって、息絶える——ということもあります。西ブロックは俗に「下北沢の樹海」とも呼ばれています。

さて、再び井の頭線を渡って、×の北ブロックに戻ってきました。はじめに、ブロック東寄りにある駅前市場からスタートしましたが、北口正面に建つピーコックをはさんで西寄りの小高い地区は、雑然とした下北の中でも、他とは違った瀟洒《しょうしゃ》な風が漂っています。背後に代田六丁目の閑静な屋敷街をたずさえている環境もあって、裏原宿界隈を思わせるようなガラス張りのヘアサロン、ネールアートの店、ベネトン他の高級ブランド系のショップが「ここは下北であって、下北じゃない！」とばかりに軒を並べています。

スターバックスは、やはりこの一角に発生していました。スズナリで痰を浴びせられた人たちも、ここまではやってこれません。ウインドー越しのテーブルで、静かにエスプレッソ・マキアートなどを味わう小綺麗《こぎれい》なカップルたちは、おそらく、あずま通りの店で夜明けまで老酒飲んでビーフンを吐瀉する人々とは、別人種に違いありません。

下北沢——放射状の迷路ブロックのなかに様々な若者のタイプが放し飼いされた、生物学的にも貴重な研究都市、といえるでしょう。

ニコタマの人々

二子玉川（通称・ニコタマ、現地の住民はフタコと呼んで、差をつけています）は、数年前まで駅名に「二子玉川園」とあったように、これは現在の「東急スポーツガーデン」（ナムコ・ワンダーエッグなどのある）のところにあった遊園地に由来するものです。

新玉川線（現・田園都市線）の前身である路面電車の玉電は、玉川の河原の砂利を運搬するために敷設《ふせつ》された電車で、玉電時代の駅舎は、正に東京の果てのローカル鉄道の駅、といった風情《ふぜい》でした。

玉電の廃止後の一九六〇年代末、再開発された駅前に「玉川高島屋」が忽然《こつぜん》と出現します。当時、中学のサッカー部員だった筆者は、隣町の鎌田《かまた》あたりのグランドで遠征試合をした帰りがけに見た〝湿田地帯の先にぽっかりと聳《そび》えたつ高島屋〟の光景が、いまも目の底に焼きついています。

「こんな田舎にデパート建てて、一体誰が来るんだろう」と思ったものですが、同時代に開発された多摩川の向こう、田園都市線沿線の若いマダムたちのハートをがっちりととらえた品揃えが当たって、軌道に乗ります。砂利を産出していた川べりの田舎町は、ここから〝オシャレタウン・ニコタマ〟の道を歩みはじめるわけです。

高島屋を育てた川崎や横浜北部のニュータウンの第一世代は、五、六十代の年代となって、第二世代の娘や嫁を連れだって、高級婦人誌のグラビアによくある〝仲のいい（表向きは）ゴージャスな嫁と姑《しゅうとめ》〟みたいなショットで、ショッピングをしている光景がよく見られます。

また、旧世代の日本橋高島屋夫人の場合、食事は特選食堂における和食系の折詰、というのが定番でしたが、こちら玉川の熟年婦人たちは、若い頃からイタメシ馴れしていることもあって、館内のイタリアン・レストランで「マルゲータのピザと、グラスワインいただこうかしら……」なんてさりげなくオーダーして、昼間からコレステロールのたまりそうなものを、パクパクやっています。マルゲータ・ピザで蓄積したカロリーは、瀬田パークアベニューのジムでウォーキングマシンに乗って消費します。

ニコタマの人々、というより、ここで語っているのは多摩川の向こう岸の「たまプラーザ」や「鷺沼《さぎぬま》」の住人のことですが、初期の頃からそのあたりで暮らしてきた人々が、よく語るエピソードにこういうのがあります。

「私たちが住みはじめた頃は、まだタヌキが出たんですよ」

山を切り崩して造られた新しい住宅街ゆえ、そういう一種の〝歴史〟を欲しがるわけです。

「二子玉川も随分とにぎやかになったわねえ……」

いまマルゲリータのピザをつまみながら、タヌキが出た時代を回想する幸せ。私らがこの沿線の町の成熟を見守ってきた……とばかりに、グラスワインの軽い酔いを愉《たの》しむわけです。

成城の人々

成城は、いうまでもなく、大正の末に都心から移転してきた成城学園の周辺に築きあげられた、高級住宅街です。同じ「成城」でも「成城高校」という地味な印象の高校が新宿の牛込にありますが、実は成城学園はここから枝分れした学校で、成城高校の方が〝本家〟なのです。

住宅街が出来上がったのも、南方の田園調布とほぼ同じ頃、多摩川際《ぎわ》の河岸段丘上という地理環境も似ています。当初の住人の主流は学者などのインテリ層でしたが、近くに東宝をはじめとする映画撮影所が多かったことから、やがて成功した芸能人が住みつくようになり、彼らの二代目、三代目が成城学園に通う——というような〝高級芸能タウン〟風の色合いが付きました。ところで最近の成城の芸能人というのは、「ジュニア」が多いこともあって、「さほど売れてるわけではないけど、育ちだけは良さそう」といった、なんとなくゆるいタイプ、という印象があります。

ファッションのイメージでいうと、アルマーニやヴェルサーチといった、肩に力が入ったイタリアン・ブランドでも、リーバイスなどのヴィンテージ・ジーンズ系のスタイルでもなく、この20年くらいずっとフレッドペリーのポロシャツの衿を立てて、小脇にテニスラケット抱えて歩いてる——なんてのが、成城的タレントの佇《たたず》まいといえるでしょう。

買い物は遠くまで行かず、駅前の高級スーパー「成城石井」で済ますというのが正しい成城人のやり方です。屋敷街の狭間《はざま》に「椿《つばき》」というトンカツの名店がありますが、高級な土地の割にはグルメ本で話題になるような旨《うま》いメシ屋は乏しく、外食にはあまり魅力のある町とはいえません。

それでも、軽井沢の別荘暮らしをしているような心地で生活している成城人たちは、よその町の店には目もくれず、旧軽銀座の馴染《なじ》みの店を冷やかすような気分で、地元の店に通い続けます。そして外食に飽きたときは、「石井」で仕入れてきた肉を芝生の庭で焼いて、バーベキュー・パーティーとシャレこみます。

さて、ここ成城にも田園調布と同じように、区域による等級が存在します。むろん、真の成城は学園のある駅の北側ですが、なかで最も偉いのが「成城一番」という有無をいわせないようなバス停が立っている五、六丁目の界隈。七、八あたりまではまだいいとして、三船プロダクションの先の九丁目あたりまで来ると、もはや、無理に成城にへばりついた僻地《へきち》、という様相を呈してきます。その先の上祖師谷《かみそしがや》は、ほんのひと昔前まで牧場や畑が広がっていた農村地帯だったところで、「成城」を名乗ったマンションはあるものの、このあたりまでくると京王線の仙川の方が近くなってきます。

岡本の人々

都《みやこ》で一旗あげたものの、もう成城にはこれといった土地が見つからなかった……という、一九七〇年代以降の成功者たちが選んだ地が、目黒の八雲であり、この岡本の一帯、ということになります。

駅から離れた不便な場所だったため、七〇年代の頃まで比較的、畑や空地が残っていて、そこにユーミン夫妻が邸宅を建てて、岡本の名は世に知れるようになりました。尤《もっと》も駅から遠い、とはいえ、このあたりの住人はほとんど車を使いますから、それは問題ありません。却《かえ》って、安い電車通勤者たちを寄せつけない、というメリットもあります。東名の入路も近いので御殿場のカントリークラブや伊豆《いず》の別荘にもたやすく行けるし、カーユーザーにとっては願ってもない好環境、といえるでしょう。

八雲や深沢の住人がアフガンハウンドを散歩させる場所として、駒沢公園があるように、ここには東名の架橋を渡った先に広大な砧《きぬた》公園が用意されています。かつてゴルフ場だったこの場所は、林や草地を主体にした自然味豊かな緑地公園として整備され、敷地の中には往年の世田谷の面影を残す小川も流れています。

以前何かのトーク番組で、大物芸能人同士が「砧公園でジョギング中によくすれ違う」なんてエピソードを、誇らしげに披露していました。砧公園だから走るわけで、隅田公園だったら彼らはジョギングなどしないでしょう。

ところで岡本の一画の山斜面には、静嘉堂《せいかどう》文庫、岡本民家園などの、なかなか趣のある名所がひっそりと存在しています。先に、車でないと不便、と書きましたが、用賀と二子玉川を結ぶ東急のミニバスがこの界隈を走っています。急なダウンヒルのコースを往《ゆ》くジェットコースターみたいなバスなので、一度乗車してみてはいかがでしょうか？

三茶と三宿

三軒茶屋はその名のとおり、昔このあたりに三軒の茶屋があったとさ……という由来で、ちなみに店の名は「角屋」「信楽《しがらき》」「田中屋」といったそうです。

ここは街道の追分だったことから、古くから世田谷随一のにぎやかな宿場町、として栄えていました。そんな古い町という性格柄、246の裏手にはごちゃっとした商店街が広がって、山の手・世田谷のなかでこの界隈には、下町風の趣が漂っています。

リーズナブルな世田谷というと、茶沢通りを上った先の下北沢の町が浮かびますが、三茶には下北に見られるような若者向けのスポットが乏しく、枯れた印象があります。その枯れた印象を決定づけているのが、チンチン電車の面影を残す世田谷線の存在でしょう。三茶から下高井戸にかけての、この電車の沿線にだけは、「俺たちの旅」の中村雅俊《まさとし》が下駄履きで歩いてくるような、あるいは「ぶらり途中下車の旅」の車だん吉がショルダーバックを抱えてヒョコッと現われそうな、のどかな雰囲気が漂っていました。

と、過去形で書いたのは、近隣の住人の方はお気づきでしょうが、最近あの古びたチンチン電車の大方が、ヨーロッパのトラムみたいなシャレた新車両に変わってしまったのです。数年前に建った高層ビル・キャロットタワーの裏に設けられたホームには、確かに新車両の方が似合っていますが、もはや「下駄履きの中村雅俊」と込みのショットは馴染まないでしょう。

　枯れ具合が魅力だった三茶の町も、いよいよニコタマ化の道を歩みはじめました。


　一方、三軒茶屋の少し手前（渋谷寄り）に三宿という町があります。玉電の時代こそ駅がありましたが、田園都市線の駅は置かれず、そんな不便さが西麻布と同じように、ドライバーたちの〝隠れスポット〟として人気を集めるようになりました。

　三宿の最大のウリモノは、三宿通りと呼ばれる〝出来かけの通り〟です。南は下馬五丁目から始まって、２４６と交差し、五〇〇メートル足らずで行き止まってしまうこの道路（本来、中野通りに繋げる計画だった）は、タクシーのヌケ道に愛用される以外交通量も乏しく、その割に道幅があるため、路傍に駐車しやすい――というメリットがあります。そんな環境に目をつけたカフェやバーの類《たぐ》いが、一九八〇年代のなかばあたりから沿道にぽつぽつと増えはじめて、白金のプラチナ・ストリートにも似た町並が形成されるようになりました。

　このあたりの店の主な客筋は、都心のＴＶ局やスタジオから八雲や成城の家に帰宅する途中の芸能人やその関係者と、代官山には入れず池尻《いけじり》や下馬界隈のワンルームで妥協したアパレル産業の人々、といったところです。通りすがりや「お忍び」で三宿に寄る大物芸能人はともかく、この三宿周辺で暮らす人々は、下馬寄りの沿道にある「世田谷公園」を、コンパクトな「駒沢公園」や「砧公園」に見たてて、ややしょぼい世田谷のパークサイド気分を味わっています。

六本木や渋谷のように全国的に認知されていない地名。

「最近、三宿でアソんでるんだよ」

なんていったときに、そこがどんなレベルの店であろうと、とりあえず〝東京の達人〟のように思われる。一軍に上がるまでが華の町。道路も含めて、未完成なところに三宿の魅力は存在しているのです。

NEW TOKYO 23ku MONOGATARI

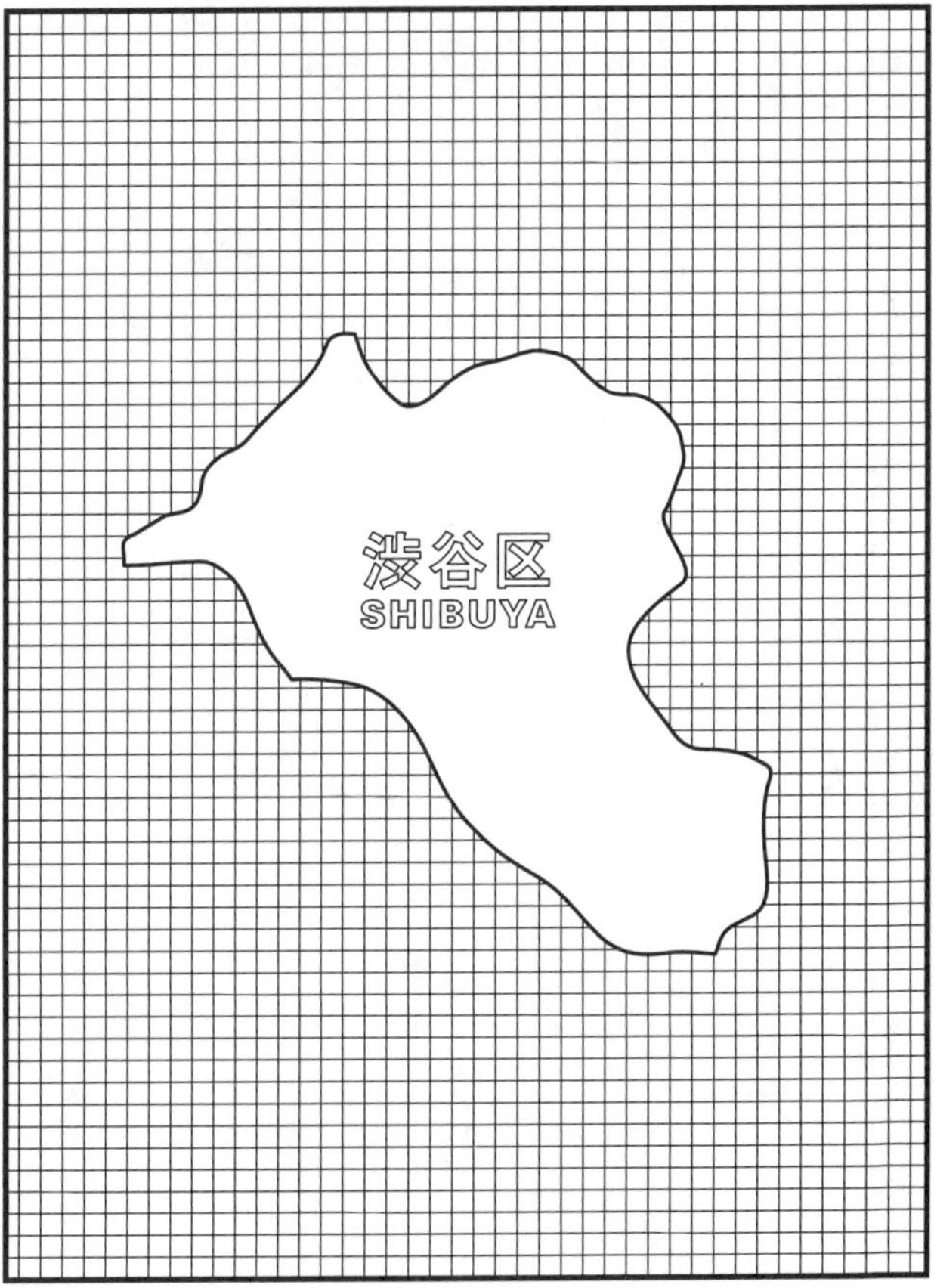

新宿区が犬のような形をしているのに対し、渋谷区は、羽根を閉じて枝にとまる鷹《たか》のような格好をした区であります。

もちろん中心地は、鷹のヘソのあたりにある渋谷駅の付近で、そこから下腹にかけては恵比寿《えびす》、広尾、胸のあたりに代々木上原、羽根は神宮前、千駄《せんだ》ケ谷《や》、頭部は笹塚《ささづか》、幡《はた》ケ谷《や》といった町によって形成されています。

区内で最も面積の広い町は、地図でみると胴体の真ん中にポッカリと開いた大穴のようになっている代々木神園町。明治神宮と代々木公園を収容する地域です。広い町とはいえ、神園町の町名に居住している人は、ほとんどゼロ、と言って良いでしょう。

また、鷹の頭の部分の地域、笹塚、幡ケ谷、本町の一帯は、名こそ渋谷区ですが、内容的には新宿区あるいは中野区に収容したほうがふさわしいような環境と言えます。

渋谷の地名は、神奈川県の高座渋谷のほうが起源です。地方都市に行くと、○○銀座という、東京の銀座を借りてきて名称を付けた繁華街などが多いので、高座渋谷もそのパターン、と思いがちですが、渋谷の場合は逆なのです。

いまからおよそ九百年前、神奈川県高座郡渋谷村にいた平家の一族、河崎基家が、現在の金王八幡《こんのうはちまん》（渋谷三丁目在）に居城を築いた——というのが「渋谷」の起こり、とされています。

終戦直後、道玄坂の裏路地に「恋文横丁」という〝若者向けスポット〟のハシリが発生した頃から、この街にはヤングを呼び寄せる磁場が根着いていた……といえるかもしれませんが、少なくとも一九七〇年代の初めまでは、銀座、新宿に続く〝三番手の街〟の印象が強かったものです。

現在のカタカナ書きの「シブヤ」が形成されるきっかけとなった、「公園通り」のブロックから、この街を解説していきましょう。

公園通りの夜明け

渋谷は長らく、東急・五島昇の街、でした。東横線に乗ってやってきた沿線の人々は、駅前の東横デパートで買物をし、東口の東急文化会館、五島プラネタリウムで星座観賞をしたり、館内の映画館でロードショーを愉《たの》しんだり……東急資本の施設で娯楽の全《すべ》てを満たしていました。

そんな、いわば〝五島教信者たちの聖地〟に、昭和43年、池袋から「西武デパート」という黒船がやってきます。当時、五島氏と西武の堤氏との間に、何らかの和解交渉が成立したのか……事情は定かでありませんが、西武は井ノ頭通りの入り口に、通りをまたぐように二館の百貨店を建てて、とりわけ「Ｂ館」の方は、ヤングに的を絞った品揃《しなぞろ》えが人気を呼んで、以後、道玄坂の方から段々とこの北西ブロックに若者が流れてきます。

西武デパートの成功を布石に、昭和48年の石油ショックの年、公園通りにファッションデパート「パルコ」を出店します。実は、パルコ出現以前に「公園通り」の名があったわけではなく、このネームはパルコのオープン当時の宣伝コピーから発生したものです。それまでは、通称・公会堂通りと呼ばれる裏ぶれた坂道でした。

公園通りの名は、前年、坂の頂のワシントンハイツ（進駐軍住宅）跡に整備された代々木公園――に由来するものですが、公園の一画には内幸町からＮＨＫも移転してきて、ここで渋谷―原宿を結ぶ新たな散策ルートが形成されるわけです。

緩やかな、程良く湾曲した坂道。沿道に建つ山手教会のようなエキゾティックな物件……そんな環境も効を奏したのでしょう、パルコの発生以来、それまで普通の民家が軒を並べていた沿道に、雨後のタケノコの如《ごと》く喫茶店やブティックが出現し、路端《みちばた》には麻田奈美やハニー・レイヌのポスターを並べ売りする長髪のお兄ちゃんも現われて、あっという間に表参道みたいなストリートに変貌《へんぼう》しました。

その後、周辺にも〈スペイン坂〉〈ファイヤーストリート〉……といった、新たなファッション・ストリートが支脈のように広がって、公園通りを中心にしたブロックの繁栄は、東急が起死回生とばかり、道玄坂に「109」を造る一九八〇年代初頭まで続きます。

モヤイ像の秘密

パンク寸前のハチ公前待合せ混雑を緩和するために、昭和55年「モヤイ像」と呼ばれる長髪の青年とヒゲの老人を表裏面に象《かたど》った石像が駅南口に設置されました。この石像は昭和50年代の前半ナンパの名所として一世を風靡《ふうび》した新島《にいじま》から、渋谷のここが一日も早くナンパのスポットとして脚光を浴びますようにとの意をこめて寄贈されたものです。寄贈の理由はともかくとして、モヤイ像に使用されている石はコーガ石というもので、これは新島とイタリアのシシリー島でしか産出しないという珍しい石です（これは本当の話です）。そして、「モヤイ」とは新島に古くからある俗語で、島民が力を結集して何かの仕事にあたるときに、この「モヤイ」という語をつかったそうです。ちなみに長髪の、往年のジャクソン・ブラウンを彷彿《ほうふつ》させる若者は「アンキ」、反対面のヒゲの老人のほうは「インジ」という名がついています。

しかし渋谷のモヤイ像は、もうひとつその名の浸透力が弱く、「じゃモヤイ像の前で四時ね」などの待合せの例はあまり耳にしたことがありません。

センター街の人々

ハチ公前のスクランブル交差点を渡ったところから始まる「渋谷センター街」は、いまでこそ〝若者のメッカ〟の名に値する通りとなっておりますが、公園通りが隆盛を極めていた昭和50年代の前半の頃までは「渋谷の錦糸町楽天地」とでも呼ぶべき、垢抜《あかぬ》けない雰囲気の一帯でした。

時代から取り残されたような飲食店が並ぶこの通りに、若いシブヤ人たちが流れてくるようになったのは、南寄りの道玄坂の入り口に「１０９」がオープンする頃からのことです。１０９が建つ以前、その一帯は路地に小店がぎっしりと軒を並べる「恋文横丁」という繁華街でした。終戦直後、ＧＨＱ（進駐軍）の米兵とつきあっていた当時のギャル――のために〝英文のラブレターを代筆する店〟が何軒かあった、というのが名の由来で、小説や映画の舞台にもなったことから、昭和20～30年代の若者たちの間では、ちょっとしたデートスポット、となっていた地区のようです。

ところが昭和40年代、前述した通り、池袋から上陸してきた新参者の西武資本（西武Ａ・Ｂ館、パルコ）によって、若者たちは公園通りの側に奪われてしまいます。そこで渋谷のお膝元《ひざもと》、東急が巻き返しを図るべく、ここに「１０９」をおっ建てるわけです。

この地に電鉄を持っている東急は、玉電を取っ払って地下に通した新玉川線の駅の口を、109の下にこさえて、相模《さがみ》の国の南町田や中央林間に一戸建てを買った「キンツマ世代」のガキどもを、動員することに成功します。

当時俗に「チーマー」と呼ばれた彼らは、MA・1ジャンパー+古着ジーンズ、というワイルド志向の出立《いでた》ちに馴染《なじ》んだ、少々場末チックなセンター街へと好んで流れてくるようになったわけです。アナクロな喫茶店や呑《の》み屋は、ファーストフード店やチェーン系の居酒屋へと衣替えし、現在のセンター街の景観が形成されていきます。前世代に〝場違いなブロック〟として避けられていたセンター街も、あたりまえに通り抜けられる筋となって、道玄坂からセンター街を横断し、スペイン坂を上って公園通りへ——といった、縦横無尽なルートが完成しました。

厚底山姥《やまんば》の変

平成の時代に入る頃から、渋谷の町の退廃はいっそう進んでいきました。ハチ公前の街頭には、赤尾敏の街宣車に代わって、♪ショーコーショコー……のメロディーにのせて奇天烈《きてれつ》な舞いを踊ったり、道往《ゆ》く人に「サイコーですか?」と尋ねて歩く、カルト宗教の勧誘員たちが現われるようになって、いわゆる「オウム事件」でわいた平成7年の頃から、たるんだ蛇腹状のソックスを履いた女子高生の姿が目につくようになります(当初、クシュクシュソックス、などとも呼ばれていたが、じきにルーズソックスの名が定着する)。

彼女たちのことを、世間では大まかに「コギャル」と呼び、なかでとりわけ「日焼けサロン」などで肌にヤキを入れることに熱心な一派は、その後「顔黒」(ガングロ)の称号を得て、コギャル界を代表する一大勢力派閥となっていきます。

少なくとも昭和の時代まで、渋谷のアソビ場をリードしていた女子高生は、ヤカタ(東京女学館)やアオガク(青山学院)などの、東の丘の上の比較的偏差値の高い有名私立校へ「日赤医療センター」行の学バスに乗って通っていたグループでしたが、このころから、新玉川線や、埼京線などに乗って遠征してくる、受験ガイド書の類《たぐ》いにも載っているかどうかわからないような学校群の、野生集団が町を支配するようになります。外来してきたセイヨウタンポポが、お上品な国産タンポポを押しのけて蔓延《まんえん》したように、どんな世界でも〝外来種〟は強い、という定説です。

通学時、ローファー靴にルーズソックスを履いた彼女たちは、オフになると、昆虫の羽化のように、生足に厚底靴――という姿に変異します。羽化活動は、ときに街頭で行われることもあります。よく晴れた日の黄昏時《たそがれ》、109のトイレや、人通りの少ない階段の周辺、などを観察してみましょう。脱皮したばかりのルーズソックスのヌケガラ……などが散乱しているかもしれません。そういうコギャルたちのヌケガラは、業者の手で採集されて、近隣のブルセラショップの棚を飾ります。

さて、顔黒は従来マリンスポーツ志向のサーファー派に端を発したもので、黒とはいえ健康色の小麦色が究極のカラー、でした。ところが顔黒一派のなかから、山姥《やまんば》という異端派が発生します。彼女たちの黒は、もはや〝サンタン・ブラウン〟といったコンセプトのものではなく、紀州備長炭《びんちょうたん》の黒色に近い、といっていいでしょう。コントラストを強調するため、目回りや口唇《こうしん》、髪は、白や銀色に塗装され、アフリカの奥深い集落の奇祭――にでも紛れこんだような気分にさせられます（どこからか、久米《くめ》明のナレーションが聞こえてくるようです）。

当初、一握りの異端派だった山姥族は、絵的にわかりやすい、ツッコミやすい、という性格柄、TVのバラエティー番組で重宝され、渋谷ギャルの看板的地位を確立するまでになりました。カルト集団が横行する「悪役《ヒール》の時代」を象徴する風俗、とみてもいいでしょう。

ところで山姥たちは、いったいどこからやってくるのでしょう？　地理学者の調査によれば、小田急線から田園都市線、あるいは川越線から埼京線……を乗り継いで、遠く足柄山や秩父《ちちぶ》の山系から侵入してきた、本来の山姥の末裔《まつえい》――という仮説もあるようです。

そして、山姥はやはり一種の〝生物学的突然変異〟だったのか、筆者が本書の執筆を完了する間もなく、ひとにぎりの定着種を残して、消滅してしまいました。

スタバの発生する街

シアトル生まれの珈琲屋《コーヒー》「スターバックス」（ｓｉｎｃｅ１９７１）が、ものすごい勢いで増殖しています。日本での1号店は一九九六年夏、銀座松屋通りにオープンした店ですが、とりわけ渋谷区はスタバ発生率の高い区、といえるでしょう。いまや「スタバがやってくるとオシャレ街の認定を受けた」というほどの印象すらあります。「地価の下落を食いとめるにはスタバを誘致するしかない！」と語る経済学者もいます。

北欧神話に登場する二つの尾を持った人魚（セイレン）をあしらった看板と瀟洒《しょうしゃ》な外観、エスプレッソを素材にしたコクのある味、スタンドコーヒー店にしては高レベルなスナックや菓子、店内ノースモーキングの徹底……人気の要因はいろいろと考えられますが、もう一点「メニューまわりのややこしいオキテ」というのも、ファン心理を刺激しているように思われます。

いまさらこういう人もいないでしょうけど、この珈琲屋で「ホット」と注文しても通じません。「ブレンド」も「アメリカン」ってのもダメです。スターバックス・ラテ、キャラメル・フラペチーノ、エスプレッソ・マキアート、エスプレッソ・コンパナ……などと、青森県五所川原から上京してきたばかりの青年には、舌を嚙《か》みそうなメニューがずらずらと並んでいます。

メニューだけ、ではありません。ここではサイズも、マクドナルドのように「S・M・L」では、受けつけてくれません。Sは「ショート」、ま、これはいいとして、MにあたるのがTトール」、Lが「グランデ」となり、エスプレッソの場合は、通常のシングルが「ソロ」、ダブルが「ドピオ」となります。

ソロのエスプレッソなどをオーダーすると、コップの底に僅《わず》か1センチばかりの焦茶《こげちゃ》の汁が溜《たま》ったような代物《しろもの》が出されますが、文句をいってはいけません。スタバ様からふるまわれた、ありがたい御酒《おみき》——と思って、ちびちびと嚙みしめるように味わいます。

少し馴《な》れてきたら、「トールのラテ、ノンフォームで」（ノンフォーム＝ミルク泡を入れない）とか、「コンパナにヘーゼル（ナッツ）トッピング」とか、的確な省略語を使ったり、いくつか用意されたオプションにトライしてみましょう。「バリスタ」と呼ばれる気さくな店員さんに、一目おかれるようになります。

とはいえ、スタバ店内ならともかく、手馴れた口調で「こないだ三茶のスタバでエスプレのドピオ飲んでたらそこのバリスタがさぁ……」なんていう奴《やつ》とは、やっぱり友だちになりたくありませんね……。

ところで、躍進するスターバックスは、いったいどういった環境に発生しやすいのでしょう。以下は「スタバに冒されやすい体質の街」と「冒されにくい体質の街」の諸条件です。

〈スタバに冒されやすい街〉
①広いプロムナードなどを設けたハイテクビル街の一角
②サザビー、KIHACHI、ユナイテッド・アローズ……などのイメージのいい店が出店しているテナント
③スポーツ新聞を小脇《こわき》にしたオヤジがあまり歩いていないオフィス街の通り
④Xマス・シーズンに電飾モールが灯《とも》されそうな並木のある沿道
⑤バブル崩壊後、しばらくコイン駐車場「TIMES」になっていた港区、渋谷区内の土地
⑥前兆現象として、フレッシュネス・バーガーが発生した
⑦かっこいい犬を連れたモデルがよく往来する通り

〈スタバに冒されにくい街〉
①隅田川以東

②巨大な、卸売紳士服屋の看板がぐるぐると廻っている
③「つけめん大王」と「キャバレー日の丸」に挟まれた土地
④耳溝に赤エンピツを挟んだオヤジが何人かしゃがみこんでいる
⑤右翼の街宣車が駐《と》まっている
⑥スピーカーから「ビューティフルサンデー」のインストゥルメンタルが始終流れているアーケード商店街
⑦街の景観は申し分ないが、ズブズブと地盤が沈下している

はてさて、みなさんの住んでいる町に、果してスタバはやってくるでしょうか？

原宿の表と裏

大方が巨大なビルの内部に取りこまれてしまった山手線の駅のなかで、意外にも昔ながらの洋館の姿をとどめているのが原宿駅です。駅前から続く表参道は、忘れているかもしれませんが、本来「明治神宮」という神社への参道で、青山通りとの交差点の所には、よく見るとそれらしい灯籠《とうろう》が築かれています。

表参道が、いわゆるショッピングストリートとして発展したのは、現在の代々木公園

の所にあった米軍のハイツがきっかけです。戦後、米兵相手の喫茶店やレストランが建ち並びはじめて、またケヤキ並木の美しい環境も効を奏して、一九六〇年代後半頃から、〈東京のシャンゼリゼ〉風の町並が形成されるようになりました。

そして七〇年代、アンアン、ノンノなどのファッション誌のロケ地に採用されて、表参道、原宿の名は、「憧《あこが》れのオシャレタウン」として全国的に知れ渡っていきます。いわゆる〃トレンドスポット〃として日本で最初に脚光を浴びた街、といってもいいでしょう。本来の「神宮」ではなく、門前の「ブティック」に参詣《さんけい》する若者たちでにぎわうようになって、小路の竹下通りにクレープ屋や竹の子族のショップが出店する頃から、客層はいっそう低年齢化していきます。制服姿に、どう見てもアンバランスなピンク色のコンバースを履いた修学旅行生たちの群れが目につくようになって、セントラルアパートの「レオン」や、「カフェ・ド・ロペ」に溜まっていたオトナは、代官山方面へ逃げていきました。

しばらく〃修学旅行生がクレープを立ち食いしにくる観光地〃の印象が強かった原宿に、代官山や麻布から、エレガンス系のおねえさま方が還ってきたのが、ケヤキ並木にイルミネーションが灯された時期でした。近隣住民のクレームで、あの「12月の灯り」は数年で消えてしまいましたが、参道沿いには瀟洒なカフェや高級ブランド店も増えて、少なくとも表参道の周辺は、ひと頃よりもおちついた雰囲気をとり戻しました。

また、この数年、パレフランス前の明治通りを渡った路地裏の界隈《かいわい》が「裏原宿」の名でにぎわいを見せています。古着やアメリカンカジュアルの店が密集し、私服姿の草彅《くさなぎ》剛《つよし》みたいな青年がネルシャツの裾《すそ》を垂らして、ウロウロと辺りを徘徊《はいかい》しています。古着の店には、創刊当時のポパイ少年たちが愛用していたジーンズやアロハシャツが「歴史遺産」のように展示され、五十男もしばし懐《なつ》かしい気分に浸ることができます。

代官山と神泉

渋谷から東横線と井の頭線、二本の私鉄電車が北西と南西に向かって出発します。東横線の一つ目が代官山、井の頭線の方は神泉。いずれも西渋谷台地の谷間の似たような地形の所に駅があります。以前は両駅とも、先頭車両に乗ると、先のトンネルのなかに入ってしまってドアが開きませんでした。

駅の位置環境は似ているものの、外の街の様子は大きく異なります。

代官山は昭和の初め頃、駅北側の山斜面に同潤会アパートが建設されて、南平台や鉢山から続く西渋谷の閑静な住宅街として発展します。同潤会のなかには、ヨーロッパ趣味のアパートの棟と調和する洋館づくりの食堂や「文化湯」という銭湯もあって、筆者も二度三度浸った経験があります。

一九七〇年代の後半頃から、俗化しはじめた原宿界隈から逃げてきたファッション産業の人々が、八幡通り沿いにぽつぽつとブティックや小物屋を出店するようになって、八〇年代、青山や西麻布と並ぶ、東京屈指のオシャレタウンに成長します。雑誌「Ｈａｎａｋｏ」が発刊される頃から、休日にはリュックをしょった若者の列が生じるほどになって、ちょっとした観光地の様相を呈してきました。

長らく代官山の象徴だった同潤会《どうじゅんかい》アパートは老朽化が進んで取り壊され、その跡地は、高層マンションに洒落《しゃれ》たショッピングモールを隣接させた「代官山アドレス」という施設に変貌《へんぼう》しました。往年の同潤会を知る者は、あのパリの枯れたアパルトメントみたいな風情《ふぜい》に郷愁を覚えますが、こちらアドレスの方も確かに垢抜《あかぬ》けたショッピングモールに仕上がっています。但《ただ》し、「そんなにエスプレッソ飲ませてどうするんだ！」と思うほどに、ともかくカフェの数が多い。外を向いて、のんべんだらりとオチャしてるカップルの姿が、どの方角を眺めても目に入ってきます。

明るい地中海リゾートのようになった代官山に対して、片や神泉の方はというと……。

こちらは花街・円山町のお膝元《ひざもと》として栄えた所でしたが、いまや多くの料亭が店を閉めて、街全体がひっそり閑としています。渋谷側から降りてくる階段道の佇《たたず》まいなどは、なかなか風情があるものですが、渋谷にあれほどうじゃうじゃいた若者たちは、手前のラブホテル街のなかへ消えて、神泉駅周辺にはまず見当りません。

西方にうねうねと続く商店街にも、代官山に見られるようなブティックや小物屋は乏しく、いわゆる普通の八百屋さんとか魚屋さんが、まるでここがあの渋谷の隣町であることを忘れたように、軒を並べています。

代官山にアドレスが建設されはじめた頃、陰鬱《いんうつ》な神泉のイメージに拍車を掛けるような事件が発生しました。東電ＯＬ殺人事件、です。被害者の女性は夜な夜な神泉駅近くの街頭に佇んで、客をとっていた……という話ですが、やはりこの街から漂う妖気《ようき》のようなものが、彼女を呼び寄せたのでしょうか。

代官山と神泉。渋谷から一つ目のトンネル際《ぎわ》の駅にして、町の性格は正に反転したような世界が広がっています。

並木橋の行列

休日、並木橋の周辺には、赤鉛筆を耳溝などに挟んだオッチャンたちの人溜りが見られます。彼らは紛れもなく、路地裏の場外馬券売場（ウインズ渋谷）にやってきた〝馬券買い〟の人々ですが、交差点を越えて代官山方向へ向うと、山手線上の架橋のあたりから、また新たな行列が生じています。

こちらの人群れには、赤鉛筆を耳溝に挟んだオッチャンの姿はなく、カジュアルななりをした若者ばかりです。実は、橋の先にある「SUPREME」という、いわば〝（スケート）ボーダー系のカリスマショップ〟の入場待ちをするヤング連中。勝ち組のブランド店にだけ人が殺倒するという、いまどきの現象といえるでしょう。

こういった〝行列のできる人気店〟は各所に存在するわけですが、ここの場合は、ちょうど山手線の架橋上に人がびっしり溜まっているため、事情を知らぬ人は妙な勘繰りをしてしまいます。

1・オシャレな鉄道マニアの集団
2・新たな〝集団自殺〟スポット

店の人気が衰《すた》れる前に、一見しておきたい〝代官山の珍名所〟といえるでしょう。

ビールとカルピスのエビス

恵比寿の地名は周知のとおり、現在のガーデンプレイスの所にあった「エビスビール」（サッポロビール）の工場に由来します。駅も、ビールを出荷するために設けられた貨物駅から始まったもので、工場が稼動《かどう》していた八〇年代初頭までは、山手線でこのあたりを通り掛かると、ツーンと麦芽酵母の香りが車内に漂ってきたものです。

ビールと較《くら》べて、あまり知られていませんが、恵比寿で産まれたものに、もう一つ

「カルピス」があります（現在、オフィスは代官山駅前）。カルピスは、三島海雲という坊さん上がりの怪人物が、明治の中頃、モンゴルで味わった酸乳に啓発されて発明したもので、大正時代からこの地で生産が始まりました。

　エビスビールやカルピスの生産に利用されたのが三田用水の水。この用水は玉川上水を笹塚《ささづか》の南あたりから取り入れて、代々木上原の東大航空宇宙研前の通り、旧山手通りに沿うように流れ、恵比寿の西部を通って、最終的に三田・芝・金杉に流れていました。いまは付近の工場もなくなって廃止されましたが、30年ほど前までは、駒沢通りの鎗《やり》ヶ崎《さき》交差点先に、三田用水を通す樋《とい》が渡されていました。

　ビール工場の跡地にガーデンプレイスが発生する頃から、代官山の方と人の流れがつながって、原宿、渋谷に比肩するファッションタウンの様相が強まってきました。メインストリートの駒沢通り沿いには、カフェやブティックの類《たぐ》いが増えましたが、所々にまだ昔ながらの商店が見られます。オープン式のカフェで、表を眺めながらカプチーノなどを飲んでいるとき、目の前に見えるのは「シキシマパン」の看板を出した日本的なパン屋さん、だったりする。この辺が、お隣の代官山のカフェとの決定的な落差、といえます。が、そんな、まだ完璧《かんぺき》にヨコモジの街になりきれていない、隙間《すきま》の覗《のぞ》くところが、恵比寿という町の魅力かもしれません。

笹塚ピープルの逆襲

冒頭の解説でも書いたように、鷹《たか》の格好をした渋谷区の頭にあたる部分——初台、本町、幡《はた》ケ谷《や》、笹塚、といった地域は、しばらくなんとなくパッとしないエリアでした。いや別に、上の中野区の方に入っていれば問題はなかったのです。港区と比肩《ひけん》する〝人気トレンド区〟渋谷の銘柄がどうにも似合わない。やはりこのあたりは、京王線と甲州街道、中野通り、を通って運ばれてきた新宿、中野エキスが蔓延《まんえん》した文化圏なのです。

代々木上原周辺に漂うリッチな邸宅街の風も、西原の起伏のある地形に拒まれて残念ながら幡ケ谷、笹塚までは行きつけず、そして、そういった〝渋谷区のオミソ感〟を行政的に裏付けるように、電話番号も正統的な渋谷ナンバーを与えられていません。

通常は、5の後に栄光の4や7がくるわけですが、この鷹の頭一帯の地区は、中野系の3なのです。

こんな陰湿なイジメをするくらいなら、はじめからすんなりと中野区の方に入れてあげればよかったのに……。

ところが、時代の風向きは変わってきました。

笹塚に「マイクロソフト」の日本本社が置かれたのを皮切りに、初台周辺には「アスキー」、続々と関連のIT産業系オフィスが〝鷹の頭〟の地域に密集するようになってきました。初台の環六通り（山手通り）沿いにはオペラシティをはじめとするハイテクな高層ビルも林立するようになって、新宿副都心の延長線のような街並が形成されつつあります。いわば、東京のシリコンバレーとして、「ビットバレー」とも呼ばれています。もともと幡ケ谷あたりは、オリンパス光学などの精密機械工場の多かった土地でもあります。

ひと頃は、目につく食べ物屋といえば、初台交差点角の「吉野屋《よしの》」くらいでしたが、笹塚を中心に「CHANTI」という赤い看板を出したトラットリアが二軒、三軒……と店を増やしています。ちなみに、地方から出てきたばかりのマイクロソフトの社員のなかには、ココが有名な飯倉の「CHANTI」の支店……などと思いこんでる人もいるようですが、まるで別モノです。

先に書いた「電話番号の侮蔑《ぶべつ》」の件も、ケータイが普及した今日では、さほど気になる問題ではなくなりました。

ようやく、渋谷区の鷹の頭にも陽《ひ》があたってきました。最先端のITシティー人として、胸を張って明治神宮の森を抜け、憧れの表参道へ青山へ、と繰り出すこともできます。が、オタク育ちの笹塚IT人たちは、どうしても北方向の中野へと足が向いてしまいます。ブロードウェイの「まんだらけ」がオレを呼んでいる。ここばかりに、北行きの京王バスに乗ってしまいます。

中野の呪縛《じゅばく》からは簡単に逃れられないのです。

NEW TOKYO 23ku MONOGATARI

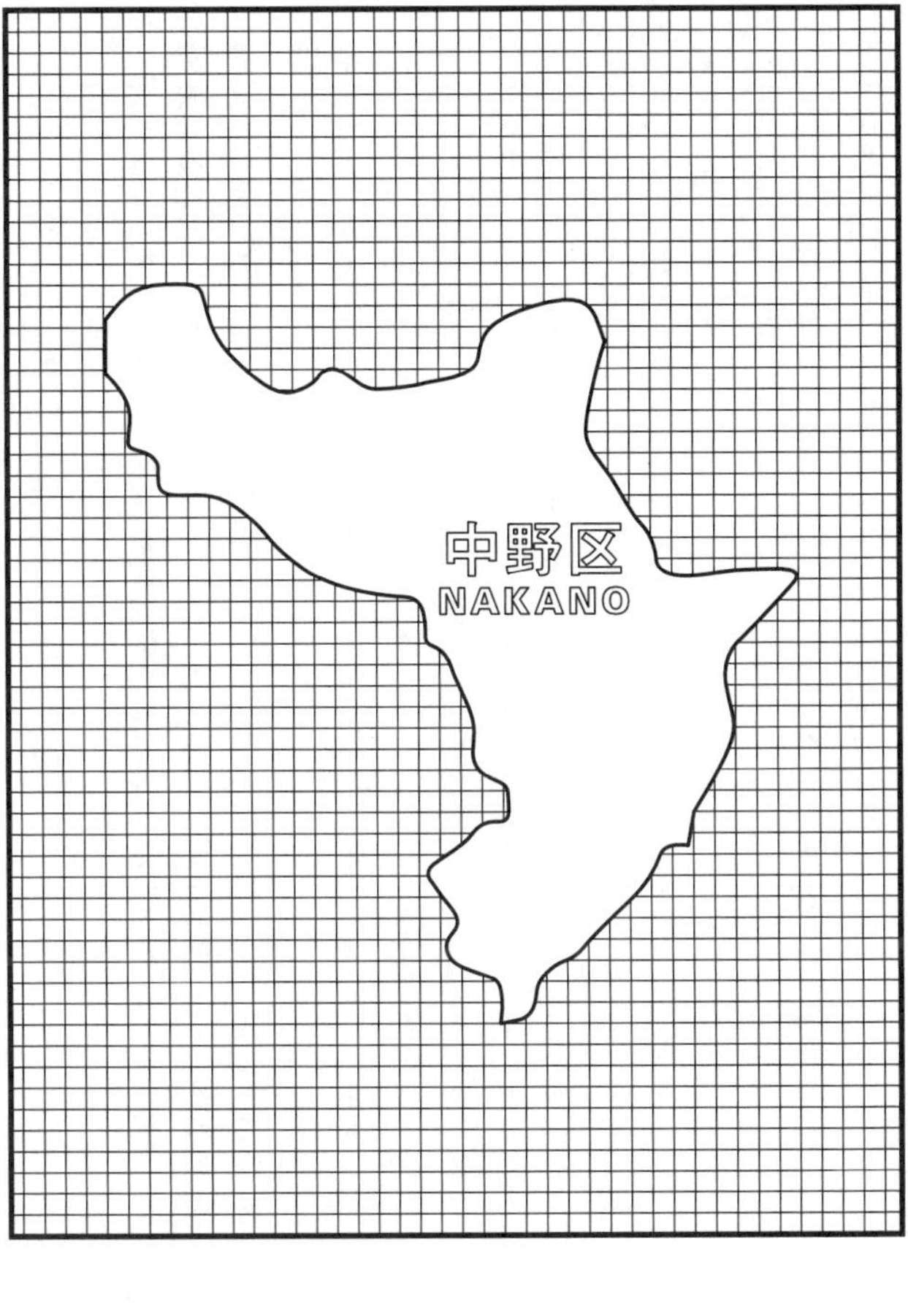

中野区は中央線と青梅《おうめ》街道、そして西武新宿線によって開けていった区です。

これらの交通幹線はどれも新宿を起点にしたり、あるいは新宿を通過してくるもので、そういった環境柄、区内の町並みには「新宿的な性格」が何らかの形で反映されています。

駅前の繁華街はともかくとして、住宅街を走る関東や京王の路線バスも、「新宿西口」を起点にしたものが圧倒的に多く、否応《いやおう》でも新宿に連れていかれる環境ができあがっています。そんななかで、中野駅の南口からは渋谷行きの京王バスが頻繁に発車しているので、区南部の中央、弥生《やよい》、本町といったところの人々は、渋谷の東急あたりに時折出掛けてゆくようですが、中野駅から北側の地域に暮らす人々は、ほとんど「渋谷」というものを見たことがありません。東横のれん街などに入って立田野のトコロ天の匂《にお》いを嗅《か》いだり、山積みされた「まい泉」のカツサンドを眺めたりするとヒキツケを起こす住民も北部地域には、まだ多く暮らしています。

まさに「新宿の傍系会社」的色合いの区、といったところです。

ここでは、中心街の中野駅周辺、南部のポイントとして近年単身者向けのマンション密集地となった中野新橋、北部の哲学堂周辺について解説していきます。

中野心理の本質

渋谷駅から京王バスに乗って中野駅に着くと、ああ、ひと旅終えてきた、という気分になります。そう、何か国境を越えてきたような。ちょうど初台の甲州街道を越えたあたりからでしょうか、バスの窓から入りこんでくる風の匂いが渋谷から新宿のものに変わります。渋谷区の章で書いたように地図上は環六が方南通りと交差する清水橋の少し先のあたりまでタカのような形をした渋谷区の頭の部分がくいこんできているわけですが、甲州街道から北側はやはり完璧《かんぺき》に中野というか、新宿の息のかかった町並をしています。要するに渋谷区本町と、幡《はた》ケ谷《や》、笹塚《ささづか》の大方の住民は中野のヒト、といってもさしつかえないでしょう。

さて、そういった中野を象徴するようなスポットと言えば、やはり中央線中野駅前のサンプラザとブロードウェイセンターでしょう。サンプラザは昭和48年、旧中野警察学校の跡地に建設されたピラミッド型（正確には直角三角柱型）のビルでミュージシャンのコンサート会場として有名なところです。そして駅北口からはじまるサンモール商店街の奥に昭和41年に建てられたブロードウェイセンターは、中野住民たちの近場のデパート（瀬田や用賀、川崎高津区の人たちにとっての玉川高島屋的な存在）として親しまれています。

ところで世の中には中野好きの若者、というものがいます。みなさんのキャンパスや職場にもいますでしょ、東中野→新井→弥生町→野方《のがた》、って感じで中野近辺のアパートを転々としてる人って。こういった中野好きの人たちの体質を反映しているのがこのブロードウェイセンターの佇《たたず》まいです。

ブロードウェイはオープンして20余年が経《た》とうとしているのにこれまでほとんど改装がなされていません。そしてここに入っている店舗もオープン当時からあまり動きはありません。それは客の定着率が良いということで、まあビルとしては成功しているということでしょう。そして、その20余年変わり映えのしないこのビル内の店舗には一つの特徴があります。それは、ファッションブティックにしても飲食店にしても、みなコンセプトが甘い、という点です。

たとえば飲食店街は〝お好み焼の店〟〝カレーの店〟〝京風うどんの店〟〝ショーウインドーにコーラフロートとプリンアラモード、パフェ各種のレプリカを飾った喫茶店〟〝バニラとチョコのシマシマになった、どろどろですぐ床にベチャッとおちるソフトクリームを売るスタンド〟〝ミキサーで日凍の氷漬けメロンを砕いた生ジュースを出すコーナー〟などによって構成されています。そして、ファッションブティックは、〝ラルフ・ローレンやブルックスに似たB級メーカーのセーターやシャツ、ジャケットを並べたメンズ〟とやはり〝マドモアゼルノンノンを真似《まね》たそれっぽいワンピースなどを並べたレディース〟などが目につきます。さらに、ニセMA1とニセアーミーシャツを並べた軍服屋に、リーバイスでもリーでもないGジャンに漂白ジーンズなどが積みあげられたショップ、ちょっと端っこのほうにいくと趣味の古銭屋さんがあったり、そうかと思うといきなり歯医者さんや眼医者、床屋が出現したり、三階にあるばかでかい明屋書店を除いては、どのジャンルの店もB級でかためました、という感じです。

四国のファッションビルにもコムデギャルソンやピンクハウスなどが入ってくる時代に、ここまでB級でかためとおしている姿勢はある意味で立派であります。

中野好きの若者のライフスタイルというものも、このブロードウェイセンターの性格とぴったり一致しています。

上高田あたりの吹きっさらしの鉄階段をのぼっていく2階建てのアパート。入ると小さなキッチンがあり、すぐ隣に畳の八畳間。奥の窓側にベッド。床になげだされたクリネックスティッシュと電話（女子の場合はこの2点にキルティング刺繡《ししゅう》のカバーなどが被《かぶ》せられている）、ラークのゴミ箱には風邪もひいていないのに丸めたティッシュがたまり、中野の丸井のクレジットで購入したオーディオセットとその傍にLP（まだCDではない。レベッカが3枚に渡辺美里《みさと》が2枚、サザン1、南野陽子2、トップガンのサントラ1……）、レンタルショップで借りた「ハスラー2」（延滞料金がかさんでいる）、卓袱台《ちゃぶだい》の上には飲みかけのサッポロドライ（サッポロが一番うまい、と思いこんでいる）とカルビーグルメチップ・ビーフ味（ローソンでこれをよく買う）。ベッドの脇《わき》のガラス戸にブラインドをと、立川横型ブラインドを丸井で購入したものの寸法がまちがっていてつけられない、よって窓枠は汚れたカーテンのまま。TVモニターにはファミコン機が接続されている。TVゲーム好き。いまでもTVゲーム機が内蔵された机のある喫茶店を待合せに選んで、人待ちしながら麻雀《マージャン》ゲームに励んでしまう。ファミコンはB級の推理モノのファン、たとえば「新宿中央殺人事件」とか「ファミコン探偵倶楽《クラ》部《ブ》」とか。マンガ本は、相原コージと業田良家《ごうだよしいえ》は全巻そろえている。愛読誌はスピリッツとヤンマガとジャンプと、たまにGOROを買う。桂木麻也子《かつらぎまやこ》みたいな女と一発やりたいっ！　白線通りの居酒屋でウーロンハイを3杯飲むといつもそう思う。ディスコは大学（亜細亜）のテニス同好会（武蔵《むさし》野《の》女子のB級の女が少しいる）の新歓の二次会で一度だけ「ウィズ」に行った。

というような世界。いくらBMだベンツの190Eだ、キング&クィーンのVIPだ、これからはウンガロだラルフ・ローレンだ、イタメシはやっぱり青山のラ・パタータだとファッション雑誌に書いてあっても、基本的にはこういう中野的な若者の数というのが、おそらく一番多い。つまり、トレンディーな背伸びなどする気もない普通の若者の生活をしたい人にとって、ここ中野のあたりは最適な環境と言えましょう。

と、以上の文章はオリジナル版（一九八五年）に掲載したものを、ほぼそのまま引用したものです。なかで出てくる様々なグッズの大方は、いまやこの世から消え去ってしまいましたが、たとえば「サッポロドライ」を発泡酒の「北海道生搾り」に、「桂木麻也子」を「川村ひかる」あたりに、ディスコ「ウィズ」を「ツインスター」などに変換すれば、およその主旨は伝わります。基本的に中野人の体質は、当時と変わっておりません。

ブロードウェイセンターも、パッと見の景観は変わり映えしませんが、覇気のない店舗のなかで「まんだらけ」という店だけは、ブロードウェイの全《すべ》てを食いつくすような勢いで、発展を続けています。

ブロードウェイ　ポスト神保町への道

昭和55年、ブロードウェイ内の僅《わず》か2坪の店からスタートした〝趣味の漫画の店〟まんだらけ――は、いわゆるオタク世代のハートをがっちり摑《つか》み、その後館内にアメーバの如《ごと》く、2号店、3号店……と増殖していきました。

「少年マガジン」や「少年サンデー」をはじめとする漫画の古雑誌がずらりと並び、マニアックなコミケ誌の類《たぐ》い、セル画や原画、関連のソノシートやレコード……鍵《かぎ》がかかったショーケースのなかには、数十万の値札を付けた手塚治《おさむ》虫の初期の作品などが陳列されています。筆者は一度、マニアがショーケースの鍵を開けてもらって20万だかの手塚治虫本をキャッシュで買っていくシーン、を目撃したことがあります。眺めているだけで胸がどくどくと高鳴りました。

前に記述した、眼医者や歯医者の看板が忽然《こつぜん》と現われる4階の裏ぶれたストリートも、いまや潰《つぶ》れた店の大方は「まんだらけ」の倉庫に利用されています。この店の成功によって、アニメ専門のCD店、お宝アイドルグッズの店、菓子の景品や琺瑯《ほうろう》看板などを並べた古雑貨屋……といった同類の店が次々と出店してきて、ブロードウェイは中央線沿線の「新神保町」のような様相を呈してきています。以前の〝単なるB級〟から、〝B級文化〟のデパートに変貌《へんぼう》した、といっていいでしょう。

ちなみにその発信源となった「まんだらけ」は、平成時代に入って、渋谷・百軒店《ひゃっけんだな》のラブホテル街の真《ま》っ只中《ただなか》に、コスプレ従業員を配したマンモス店を開き（その後、宇田川町に移転）、マザーズ株の上場、まで果しました。

中野で始めて渋谷に上ってゆく――という進路は、あの「丸井」とも一緒です。「丸井」と「まんだらけ」が銀座に上陸する日もそう遠くないかもしれません。

二子山部屋と浸水騒ぎ

中野駅の南、青梅街道の所に新中野、という丸ノ内線の駅があります。中央線よりも、こちらが後に出来たので「新」となったわけで、もとは「鍋屋《なべや》横丁」の名をもつこのあたりの方が早くから栄えていた地域です。

鍋屋の名は、ここから堀ノ内（杉並）の妙法寺に枝分れしていく道の入り口にあった店、に由来します。別にナベを売っていたわけではなく、ソバやダンゴを食わせる茶店の屋号。往年の妙法寺参詣《さんけい》のにぎわいを物語る地名、といえるでしょう。

この〝鍋横〟からさらに南下したところに中野新橋の町があります。神田川に架かる橋は朱塗りの艶《つや》めいた趣のもので、かつて小規模ながら存在した花街の面影を残しています。安い呑《の》み屋（とりわけオデン屋が多い）が充実していること、四谷の笑芸系プロダクション・太田プロまで地下鉄一本で行ける――等の環境柄、城南の中目黒と並んで、近頃は若手芸人の密集地となっています。が、なんといっても、中野新橋の名を世に知らしめたのは、貴ノ花のいる二子山部屋がこの地にやってきたのと、豪雨の際の浸水騒ぎ――でしょう。

低い土地に加えて、この地域の西方で神田川と善福寺川が合流するため、ひと頃までは台風の大雨が降るたびに、妙正寺川流域の落合地区と並んで〝床上床下浸水のメッカ〟でした（環七の地下に巨大な貯水池が設備されて以降、洪水騒ぎは収まりつつあります）。

洪水発生の原因として、もう一つ、「二子山部屋の力士たちが移ってきて地盤沈下が進んだ」（松村邦洋もここの住人らしい）という説もありますが、二子山部屋移転以前の方が浸水被害は顕著だったので、残念ながらこの説は信頼性がありません。

哲学堂と水道タンク

区の東部、松が丘の一画に「哲学堂」という趣のある公園があります。妙正寺川に沿った崖《がけ》地の自然美をそのまま活《い》かし、丘上の日本庭園風の敷地には、哲学者・井上円了が創建した、六賢台、宇宙館、四聖堂、三学亭といった、不思議な雰囲気の建物が散在しています。精神修養の道場が名目、とされていますが、ま、これはいまでいう、精神世界系にハマッたデザイナーが考案した〈癒《いや》しのためのオブジェ〉みたいなもんでしょう。

四つの不思議な建造物に加えて、玄関のくぐり戸の両側には、金網に仕切られて、かなり不気味な幽霊像が飾られています。ホラー愛好者は、一度訪れてみる価値があるでしょう。

ところで哲学堂のすぐ北方に、よく哲学堂と混合される建物があります。吊鐘型のドーム状の佇まいをした水道局・野方給水塔（俗称・水道タンク）。昭和5年に建設された、コンクリートの重厚な建物で、同じ形のものが板橋の大谷口にも存在します。

杉並から世田谷にかけて、荒玉水道という一直線の道路が多摩川に向って延びていますが、実はこの地下に埋設された水道管を使って、多摩川から取水した水を給水塔内の巨大プールに貯水しているのです。

家並の先に、この灰色の塔がヌッと垣間《かいま》見える瞬間というのは、ちょっとドキッとするものがあります。哲学堂と合わせて、このあたり〝中野のミステリー・スポット〟と呼んでもいいでしょう。

また、哲学堂の西方、妙正寺川と中新井川（江古田川）の合流点には、練馬や板橋の項で触れている豊島一族が太田《おおた》道灌《どうかん》軍と戦った「江古田ヶ原古戦場」（一四七七年）の史跡があります。ここで豊島氏が勝利していたならば、江戸城を築城した道灌に代わって、豊島氏の名が〝東京の祖〟として語り継がれ、「豊島区」の名は、もっと都心のいいところにあてがわれていたかもしれません。

NEW TOKYO 23ku MONOGATARI

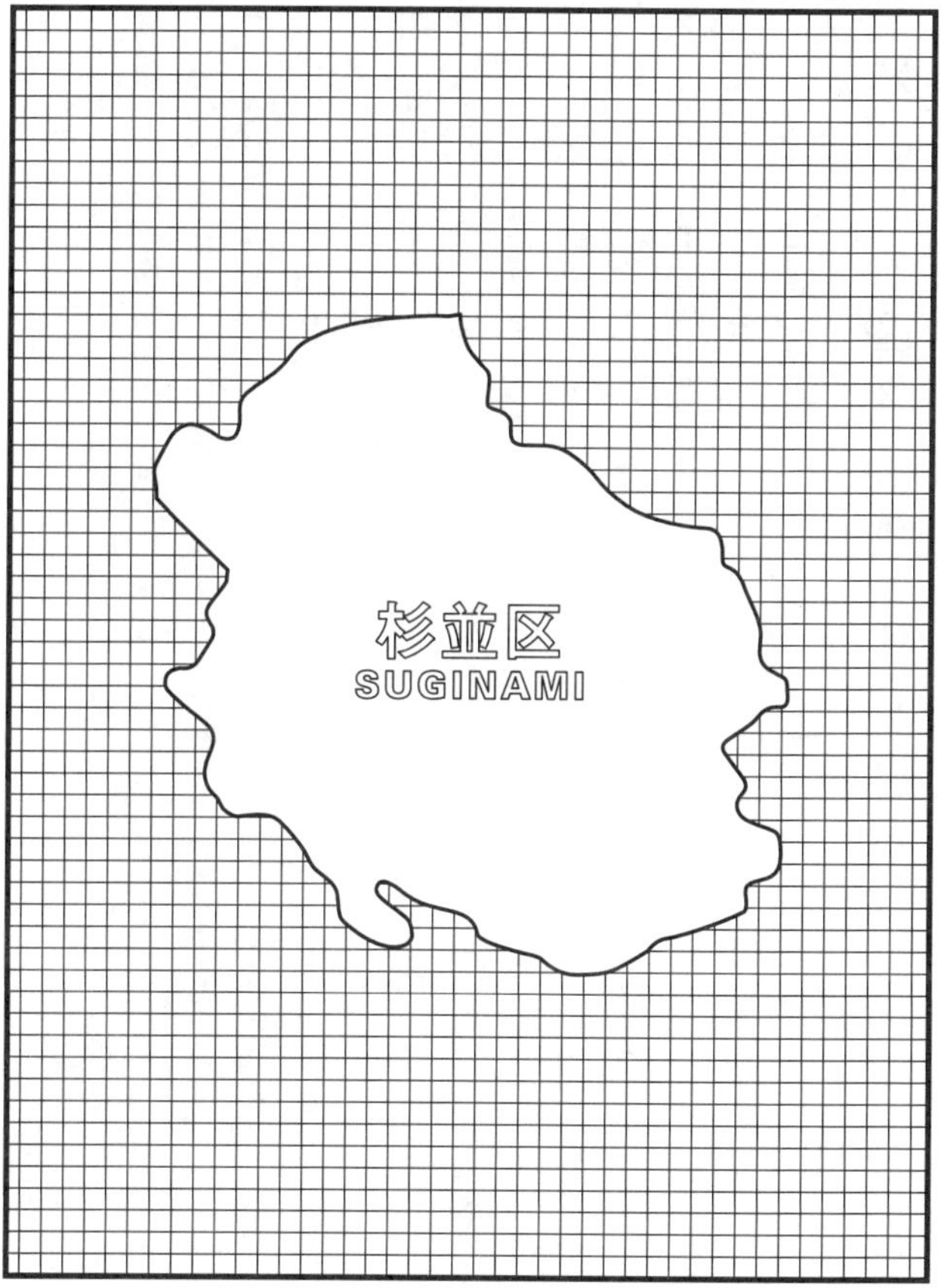

杉並の名は、かつて青梅《おうめ》街道沿いに植えこまれていた杉並木に由来するものです。またこの街道は、奥多摩から江戸へ杉丸太を運ぶときに利用された道でもあります。

ところで一般的に「杉並」というと、世田谷と並ぶ西東京の閑静な住宅街を想像させますが、区内の中心を東西に走る「中央線」のイメージは、ここから大きくかけ離れます。

住地を問われて、「杉並……」と曖昧《あいまい》に答えると「リッチ」という印象を人に与えますが、「高円寺」などと具体的に中央線沿線の町の名を挙げると、先の〝リッチな杉並のヒト〟のイメージは崩壊し、「庶民派」の認定を受けることになります。ぼんやりとした「杉並」のムードに近いのは、南部の井の頭線沿線の地域の方で、区の中心を横断する中央線の周辺には「中央線区」とでも呼びたくなるような、リーズナブルかつクセのある、独特の生活文化が根付いています。

中央線区の人と暮らし

昭和初期の集成地図などを眺めると、都心を核にした市街地が、中央線に沿うように西へ細く延びていて、そのまわりはまだ田園地帯を表わす畑や田んぼの記号に埋めつくされています。つまり、いくら井の頭沿線のイメージが良かろうと、街として発展したのは、こちら中央線沿線が先なのです。

高円寺、阿佐ヶ谷《あさや》、荻窪《おぎくぼ》、といった沿線の町は、主に大正の震災後、郊外の住宅街として発展していきました。冒頭で〝庶民派〟〝リーズナブル〟などと書きましたが、従来、荻窪南部の台地の一帯は、高級官僚や文化人のお屋敷が建ち並んでいたところで、かつて〝荻外荘《てきがいそう》〟と呼ばれた近衛文麿《このえふみまろ》の別邸や、音楽家・大田黒元雄の屋敷跡（大田黒公園）などが保存されています。松本清張の昭和30年代の作品を読むと、このあたりの屋敷がしばしば〝悪徳官僚が愛人を囲っている別宅〟などとして描かれています。

阿佐ヶ谷の中杉通り沿いのケヤキ並木は、ちょっとした〝西の表参道〟風の佇《たたず》まいを見せて、スターバックスがいつやってきても恥ずかしくないような環境を備えていますし、西荻窪には、山本益博お墨付きの日中伊仏……様々なタイプのグルメ店が揃《そろ》っています。

とまあ、こまめに眺めれば、安・汚・変、という中央線的キーワードは当てはまらなく思えてきます。ではどこに問題があるのでしょう？　現在の中央線人的イメージが形成される発端となったのは、一九七〇年代初頭のフォークブーム、とみていいでしょう。

高円寺フォークとバカ踊り

七〇年代の初頭、当時の言葉を使えば「シンガーソングライター」たちが、高円寺、吉祥寺、国分寺、といった中央線沿線の三寺の町に住む——というのが、ちょっとしたハヤリになりました。これは戦前、井伏鱒二《いぶせますじ》ら文学者たちが阿佐ヶ谷や荻窪周辺に寄り集まったのと同じ、同族意識によるものでしょう。また、寺の名にこだわったのは、当時「やさしさ」や「のどかさ」をテーマにしていた彼らにとって、寺から想起される野趣な印象が効をもたらしたのかもしれません。そしてその時代、反戦フォーク集会などの拠点だった新宿に近い、という地理的要因もあったのでは、と推理できます。

吉田拓郎、南こうせつ、及川恒平、といった有名ミュージシャンが高円寺に住地を置き、「ムービン」や「次郎吉」などのロック喫茶やライブハウスも密集するようになって、長髪とギターケースの馴染《なじ》む街並が形成されていきます。

「下町色の強い人情味にあふれる街でありながら、あまり他人のみなりや生活に干渉しない街であり、しかも中央線に乗ればすぐに都心に出られるという交通の便の良さがあり、その上物価やアパートなどの家賃が安いという、音楽を志して地方から上京してきた貧しい若者たちにとっては実に生活しやすい街だったのである」

杉並区立郷土博物館発行の冊子『高円寺フォーク伝説』には、そう記述されています。そんな温かい住民気質に支えられて、モヒカンの髪をピンクに染めたパンクロッカーとか、鼻に大きなピアスを装着したアート系専門学生……といった人々が、20年も前からのびのびと暮らしていたわけです。

中央線地帯にぼんやりとイメージされる、安・汚・変のキーワードは、この高円寺が発信源になっている、と考えられます。

そして、ナンでも受け容《い》れる奔放な町の性格は、「阿波踊《あわ》り」というイベントを定着させました。当初は駅南口に建つ氷川神社の祭礼から発生したもので、なんと「バカ踊り」と呼ばれていました。

阿佐ヶ谷＝七夕　高円寺＝バカ踊り

隣り合う町とはいえ、催し物にも個性がよく表われています。

井の頭沿線の人と暮らし

冒頭の概要で記述したとおり、杉並区の町並や住人の佇まいは、大きく「中央線派」とこれから述べる「井の頭線派」とに二分されます。

私鉄・京王帝都の井の頭線が開通したのは、ＪＲの中央線よりもずっと後の昭和8年のこと。関東大震災後、井伏鱒二や太宰治《だざいおさむ》ら文化人が荻窪や阿佐ヶ谷に移り住んで集《つど》っていた時代、現在の井の頭沿線の地域は、田んぼのなかに水車が廻る一面の田園地帯でした。永福町あたりから宅地化が進んでいくわけですが、高井戸の周辺は環八が貫通する昭和40年代の頃まで、車窓にまだ畑地や雑木林が目につくのどかな場所でした。

井の頭線は、渋谷と吉祥寺という短区間を結ぶローカル鉄道、の趣をもった路線です。吉祥寺で中央線と中継するとはいえ、快速電車が充実した中央線は速いので、八王子周辺のベッドタウンから都心へ向かう人間がさほど流れてくることもありません。よって、沿線の杉並、世田谷の住人が渋谷へ出るためだけの電車、というマイノリティーな意識が以前から根強く保たれています。

言い換えれば、杉並区民で渋谷へ出られるのは我々選ばれた井の頭沿線人だけ、といった特権意識が車内に蔓延《まんえん》し、ここで高円寺の阿波踊りや阿佐ヶ谷の七夕祭り……「荻窪駅ビル・タウンセブンの魚耕でシャケのハラスを買った」等の会話はタブーとされています。

永福、浜田山、久我山《くがやま》周辺のアッパーミドルな家庭に生まれた娘たちは、中央線にうようよいる悪い菌が付かないよう、沿線の立教女学院、渋谷の東京女学館……などに入れられて、ステンレスに淡いピンクやパープルをあしらったパステルトーンの電車にゆられて、多感な青春期を過ごします。お上品な井の頭線には泥酔《でいすい》者なども少なく、大人になって中央線というものに乗って、初めてゲロを見た、という者も少なくありません。沿線には、そのままこの地でマダムとなった婦人たちのために、石焼きしたマルゲリータ・ピザなどが手ごろに味わえるイタリアン・レストランや、バジルペーストのビン詰めなどを揃えた〝小さな紀ノ国屋〟風のスーパーも用意されています。

善福寺川の愛犬家

「中央線考現学」の第一人者・三善里沙子《みよしりさこ》氏の著書『中央線なヒト』によると、中央線沿線の町の人は「犬よりも猫を愛好する」とあります。確かに、混みいった高円寺の路地裏やJR高架下の仄暗《ほのぐら》い通路、の光景にはノラネコの姿が似合うし、「阿佐谷北・木造モルタルアパート在住・小劇団で照明係のバイトをするフリーター」なんてプロフィールの女子は、拾ってきた猫に「しもん」などというアコースティックなセンスの名をつけて、可愛《かわい》がっていたりするものです（表札に猫キャラのステッカーなんぞが貼《は》られている）。

ところが、先に記述したように、これが井の頭線の領域に入ると逆転します。区内のほぼ中央を湾曲しながら西から東へと流れる善福寺川が、その分岐点とみてもいいでしょう。荻窪の南方から大宮八幡《はちまん》の裏手にかけて、川沿いに蜿蜒《えんえん》と緑地公園が設けられたこの一帯は、23区内でも有数の〝愛犬家のメッカ〟となっています。

三善氏は先の著書のなかで「中央線人にとっての犬は〝政府の犬〟とか〝お上の犬〟とかいう言葉があるように、どこか権威と結びついているような気持ちにさせられるものなのかも」と、興味深い指摘をされています。筆者（泉）はこの論の一つの裏付けとして、江戸時代、徳川綱吉《つなよし》が発令した「生類憐《しょうるいあわれ》みの令」を思い浮かべました。保護された「お犬様」の小屋が、現在、中野サンプラザや野方警察署などが建っている、中野駅北西側の一帯にあったのです。中央線人の〝お上の犬アレルギー〟は、ここに端を発しているのではないでしょうか。善福寺川の流域あたりまでやってくると、その効力もようやく薄れてくるわけです。

歴史的な考察はこのくらいにして、善福寺川の愛犬家たちの習性について観察してみましょう。

ミニチュア・ダックスフントでもキャバリヤ・チャールズ・スパニエルでも柴犬《しばいぬ》でも、念願の犬を手に入れて初めてのお散歩。ここにも、新人ママたちの「公園デビュー」と同じように「お犬デビュー」的流儀がいくつか存在します。

緑地公園の所々には、すでに愛犬家たちの溜《たま》り場が生じています。そういった輪の中に初めて加わったとき、「おいくつ？」などと尋ねられます。ここで飼い主が自分の歳《とし》などを答えてはいけません。お犬の溜り場での話題の対象は、ほぼ全《すべ》て犬、のことなのです。

わが犬のことは「ウチのコ」と語られ、性別についても「男のコ」「女のコ」となります。初心者は照れくさいものですが、ここで「オス」「メス」などと動物学的表現でも口にしようものなら、瞬間「このヒト、愛犬家じゃない……」といった、薄い膜が彼らとの間に出来あがります。

当然、犬を品物視したような話題も馴染《なじ》みません。

「いい犬ですね、どこで買われました？」

「方南町のコジマで……10万とちょっと」

「意外と安いですね」

なんてのは。

すれ違いざまに犬同士がクンクンと鼻をすり寄せ合ったり、あるいは一方の肛門《こうもん》に鼻を近づけていったりしてじゃれ合う場合もありますが、ときに、犬なつっこい犬がすり寄ってきているのに、もう一方がプイとそれを躱《かわ》してしまう——といったこともあります。

概《おおむ》ね、犬なつっこい犬の方の飼い主が先に「ダメ、クッキー、いやがってるでしょ！」などとわがコを叱《しか》るものですが、おそらく本心では（やってくれるじゃねえか、性格の悪い犬飼いやがって）などといらだっているように思えるし、こういう瞬間はなんともお互いバツが悪いものです。立ち話でもして和むのもナンだし、お互い曖昧な笑みを浮かべて「や、ど〜も」と、ナニがど〜もなのかよくわからないあいさつを交し、何もなかったように別々の方向へと去っていきます。

この流域では、愛犬家の他に、トレーニングに励むジョッガー、サイクリングの人、トランペット、尺八の練習をする人……いろいろな人種を観察できます。人と同じように、周辺の緑地に棲息《せいそく》する野鳥も、カラス、ハト、ヒヨドリ、ムクドリ、シジュウカラ、カモの仲間……が各々《おのおの》決まりの溜り場を形成しています（和田堀池周辺は、美鳥・カワセミが姿を現わすポイントとしても有名です）。

その和田堀池の周縁の道は、鬱蒼《うっそう》と樹《き》が繁《しげ》って人目につきにくい、ということもあって、近年こんな警告看板が掲げられています。

〈ゴミや車を捨てないでください〉

実際、窓の割れた廃車が常に何台か放置されています。このあたりでシートに倒れこんでカーセックスに勤《いそ》しむみなさんは、そのまま放置車扱いでレッカーに引かれていく危険性がありますから、気をつけてください。

NEW TOKYO 23ku MONOGATARI

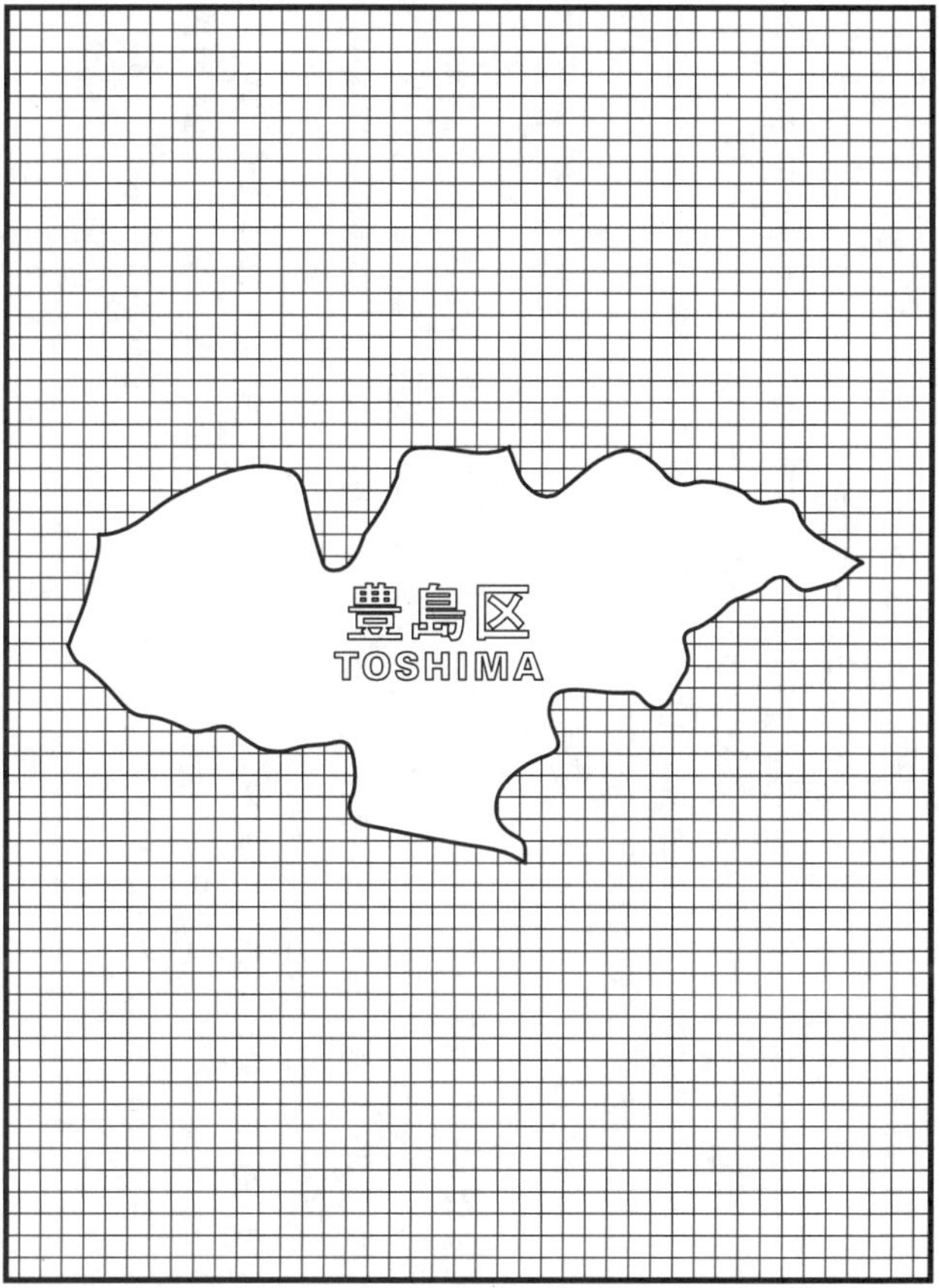

豊島《としま》の名は、古くは江戸湾に浮かんでいた多数の島、から起こったものとされ、江戸北方の一帯には長らく「豊島郡」の名が冠されていました。室町時代、太田《おおた》道灌《どうかん》と張り合った豊島一族の居城地は、現在の北、板橋、練馬といった地区に散在しましたが、豊島区の領域には、これといった史跡は存在しません。この区に豊島の名があてがわれたのは、かつて豊島郡の範疇《はんちゅう》だった地域とはいえ、もう一つ説得力に欠けます。35区時代からの名称ですが、その当時「池袋」の名がいまほどポピュラーだったなら、おそらくすんなり「池袋区」となったところでしょう（イケブクロク、という呼びにくさが災いしたのかもしれません）。

池袋を中心に、閑静な文教地区・目白、かつては〝結婚式場の角萬《カドマン》〟の名で知られた大塚、この数年〝おばあちゃんの原宿〟のキーワードで全国的な有名タウンの座に就いた巣鴨《すがも》、その隣で少々影の薄い駒込《こまごめ》、終戦直後、帝銀事件の舞台となった椎名《しいな》町、もはや忘れられているでしょうが、東長崎は一九八〇年代初頭、東京初の「ノーパン喫茶」が発生した町、です。要《かなめ》町、千川地区は、地下鉄有楽町線の開通以来「家賃が安くて、都心に近い」ワンルームマンションの密集地となりました。

渋谷並に発展した池袋を中心に据えて、住みやすい環境の区、とはいえますが、豊島区の名から想起される、どことなく安っぽいイメージは、いまだ解消されません。全般に漂うリーズナブルな印象を、皇室子族の学生街・目白が、付け根の所でグッと支えている……地図を眺めていると、そんな構図が浮かんできます。

東が西武で西が東武

池袋を代表する建物といえば、なんといっても東口の西武デパートと西口の東武デパートでしょう。東が西武で西が東武、というのも紛らわしい話ですが、これは母体の西武鉄道と東武鉄道の駅の位置に由来します。

いまでこそ、西口には「丸井」がぽこぽこおっ建って、西口公園は〝コギャルの溜《たま》り場〟になっていたりしますが、筆者の幼少の頃（昭和30年代）は〝東高西低〟の印象が如実《にょじつ》にありました。東口の西武は当時から派手なデパートで、「屋上からヘリコプターを飛ばして東京を遊覧する」なんてアトラクションをやっていました。食堂横の「ナポリ」のアイスクリーム・コーナーには、抹茶アイスやエッグアイス（ミルクセーキの味がする）……といった洒落《しゃれ》たメニューも揃《そろ》っていて、城西地区の子供たちの〝夢の百貨店〟という存在でした。

一方その頃の西口はというと、いつもどんよりと曇っている、ような印象で……。東武が開店するのは昭和37年のことですが、それまでは一帯に闇市《やみいち》の名残のマーケットが広がり、傍らにちっぽけな東横デパートが一軒、ぽつんと建っていました。どういう経緯でここに渋谷の東横が出店したのかよくわかりませんが、垢抜《あかぬ》けない食料品売場の印象しかない、地味なデパートでした（その後、渋谷に西武が進出するのは、一種のバーター、という推理も浮かぶ）。東口には、明るいブルーの西武バスや都電にトロリーバス、といった様々な車両が並んでいるのに対して、西口の駅前に見えるのは〝北の果ての象徴〟くすんだ緑色の国際興業バスばかり。「中丸循環」とか「大山循環」といった、板橋の方のわけのわからない地名を掲げて、青虫の群れのように道路に連なっているわけです。

そんな一画には、ショーケースにマムシをとじこめた、ヘビ屋なんかもあって、いっそう場末の風情《ふぜい》を醸《かも》し出していました。

ロサ界隈《かいわい》の変貌《へんぼう》

西口駅前から飲食店が建ち並ぶ一番街に入って、ロマンス通りを右に折れると、左手に「ロサ会館」という物件があります。ここには以前、ポルノ映画館が入っていて、八〇年代の頃までは、この界隈までやってくると、淫靡《いんび》な西口的風情を味わうことができました。ときわ通りを越えると、現在、劇場通りという広い道路が川越街道まで貫通していますが、以前は三業通りという細い道がへビのように奥へクネクネと続いていて、沿道に奇《あや》しいネオンを灯《とも》したラブホテルや風俗風呂……などがぽつぽつと存在していました。

奥へ進むにつれて、柄の悪そうな兄《アン》ちゃんの人影が少しずつ数を増して、「生きて還《かえ》ってこれるだろうか……」という気分になったものです。

いまは〝ニッポンのコワい兄ちゃん〟に代わって、東南アジアや中近東の人々が、このあたりの主役となりました。筆者は数年前、さらに北方の池袋本町の一角で、コンビニの袋を下げたイラン人の青年に声を掛けられました。「パルコはドコデスカ？」と尋ねられたので、南方のパルコの方角を指差すと、どうも様子が違うようです。「パルコ」ではなく「ｐａｒｋ」だったのです。

近くの公園でコンビニの弁当を食べよう、というつもりだったらしく、案内してやると、「オマエも食ワナイカ？」と誘われて、国から送ってもらったというナンみたいなパンと「鉄骨飲料」を一本くれました。

サンシャイン通りの陰陽

東口からサンシャインシティへ向う「サンシャイン通り」の周辺には、ロードショーが掛かる大きな劇場が密集しています。表通りには「LOFT」や「TOWERRECORDS」の袋を抱えた、健やかなカップルたちが往《ゆ》き交っておりますが、一歩路地裏に入ると、ガラリと様相は変わります。

お尻《しり》が覗《のぞ》いたセーラー服やエッチなコギャルのイラストを描いた、ファッションヘルスの看板がそこかしこに掲げられ、なかで怪しいことをやっていそうな、程良くくたびれたマンションがぽつぽつと見受けられるようになります。

単身の寂しい男は、表通りのカップルたちを横目に、こういった路地裏へ外れていく――皮一枚めくったところには「パリの裏庭」なんてネームを掲げたレストランも、エスプレッソ・コンパーナが飲めるカフェもなく、どろどろの欲だけが蠢《うごめ》いているのです。

池袋フラット感覚

八〇年代の頃まで、いわゆる「ダサイ町」の象徴だった池袋に、渋谷のような若者たちが集まるようになったのには、どういう要因があるのでしょう。

一つには、埼京線の開通で、それまでは大宮や浦和あたりでガマンしていた埼玉ベッドタウンの若者たちが手軽に出てこられるようになった……という交通的な要因も思い浮かびますが、埼京線に乗っていれば新宿や渋谷、恵比寿《えびす》までも行けるわけですから、これは彼らを池袋で引き留める理由、とはいい切れないでしょう。

丸井もできたし、ロフトにタワーレコード、HMVもある。確かに渋谷並みの人気店は出揃ったものの、スペイン坂や公園通りのような、デート映えするポイントがあるわけでもない。一応、ぺぺロンチーノ・パスタやマルゲリータ・ピザをメニューに出したイタメシ屋はぽつぽつあるけれど、グルメ誌に載るような〝星印の店〟は、エスニック系を除けば見当らない。コギャルの集合地という西口公園も、どーってことないちっぽけな広場である――。

全般的に小綺麗《こぎれい》にはなったけれど、昔の六本木や渋谷で遊んだ大人の目からみれば、やはり魅力の乏しい町には変わりありません。

しかし、かつて渋谷でもダサイとされていたセンター街に若者が溜まるようになって、回転寿司《ずし》なんぞに行列を作るようになった流れと同じで、そういった、ゆるくて、フラットな感じが、むしろいいのかもしれません。

これといって美人がいるわけでもないモー娘《むす》のような……なんとなく町全体にリーズ

ナブルなJポップ（ELTみたいな）が流れている――そんな雰囲気があります。

楽に地べたに座れそうなほどの間口の広い町。いろいろな意味で〝マイナス成長の時代〟に、池袋あたりがちょうど手頃な町、なのかもしれません。

とげぬき地蔵と鬼子母神

巣鴨の地蔵通り商店街は、いつの頃からか「おばあちゃんの原宿」の名で話題になり、現在、柴又の帝釈天《たいしゃくてん》通りと並ぶ、老婆《ろうば》たちの二大人気ストリートとなっています。

何か事件やブームが発生すると、ワイドショーの街頭インタビューにおける〝高齢者の談話〟は、まずここで取る――というのが業界のお約束、になっています。それを期待してやってくる人も多いのか、ともかくここの婆《ばあ》さんたちはよく喋《しゃべ》る。ディレクターが「それ、いただき！」と悦《よろこ》ぶような、的を射たコメントを採集することができます。

尤《もっと》もこの地を訪れる本来の目的は、商店街の中間あたりに位置する、高岩寺地蔵尊の参拝にあるわけです。ちなみに高岩寺は、当初上野の下谷《したや》に建っていたものを、明治20年代、ここに移転してきました。地蔵の御守を患部に張ると、とげが抜けるように神経痛などが消える――という俗説から、とげぬき地蔵の名が広まった、とされています。

門前には、かつては古びた膏薬《こうやく》の店や茶店が並んでいましたが、いま老婆たちで最もにぎわっているのは、グランマザー・ファッションのショップ。リーズナブルな生活衣料を並べた沿道の店は、「おばあちゃんのユニクロ」とでもいうべき盛況を呈しています。二〇〇一年夏、の時点ではまだホンモノのユニクロは出店していませんが、とげぬき地蔵の正面に、近年「マツモトキヨシ」がやってきました。さすがにここのマツモトキヨシは、〝美容系〟よりも、〝薬品系〟を主軸にした品揃えで、小さなリュックをしょった、ちょっとトレンド派のおばあちゃんたちが、湿布薬や〝足裏シート〟なんぞを物色する姿が見られます。東京一〝年齢層の高いマツモトキヨシ〟といっていいでしょう。

地蔵通りを訪れる多くの人は、東京唯一《ゆいいつ》の都電・荒川線に乗って庚申塚《こうしんづか》からやってきます。この沿線には女子校も多く、帰校時刻などとぶつかると、車内は女子校生軍団と老婆軍団のお喋りが混合して、壮絶な状況を呈します。

さて、荒川線で下っていくと、沿線にもう一つ、鬼子母神という名所があります。この境内には昔ながらの趣を残したミヤゲ物屋が一軒あって、「すすきみみずく」という古い民具が並んでいます。その名のとおり、すすきの穂を編んで作ったみみずくの玩具《がんぐ》で、もとは周辺におい繁《しげ》ったすすきを使っていたそうです（鬼子母神の裏手に製造している家があります）。

ところで〝寅《とら》さん〟の最初のロケ地として、この鬼子母神の界隈が候補に上がっていた、という話があります。寅さんの舞台にはなりませんでしたが、七〇年代後半の石立鉄男《てつお》のドラマ「水もれ甲介《こうすけ》」でロケ地に採用されて、石立が都電の線路上をふらふらと歩くシーンなどがよく出てきました。当時は東京都交通局も寛容だったのでしょうが、現在は〈歩かない　線路は電車の走る道〉なんて看板が、所々に立っています。

「雑司《ぞうし》ヶ谷《や》――鬼子母神」間の都電軌道はダウンヒル状になっていて、一瞬登山電車に乗っているような面白味を味わえます。また、このあたりで彼方《かなた》（南方）に忽然《こつぜん》と現われる新宿の高層ビル群の景色は、なかなかの絶景といえるでしょう。

哀しみの目白

山手線で高田馬場、目白、池袋……と進んでいくとき、目白の駅だけ、ホッと安らいだ心地になったりします。どことなく、ここで乗り降りする乗客は男も女も上品に見え、酔客も高田馬場と池袋ではゲロを吐いても、目白ではぐっとこらえてガマンするような気がします。

駅舎は最近改築されましたが、往年の洋館風の三角屋根は残して、瀟洒《しょうしゃ》な町並によく馴染《なじ》んでいます。目白通りをはさんで北側の目白三丁目と南側の下落合二、三丁目の界隈には大きなお屋敷が並び、学習院、川村学園、日本女子大……といった名門大学や女子大、ロゴス英語などの専門学校が多い環境柄、古くからケーキ屋の充実した町でした。

下落合で生まれ育った筆者（二、三丁目のお屋敷街ではありません）が幼い頃は、目白通りをはさんで、「ボストン」「田中屋」の二軒が張り合っていました。ボストンの方は昔ながらの店舗のまま頑張っていましたが、先頃あえなく閉店、一時期、秋篠宮様と紀子様のデート場所として話題になった田中屋の方もケーキ屋を閉じてしまいました（輸入酒販売店として残っています）。

そんな老舗《しにせ》店は消えてしまったものの、界隈には〈パティセリー〉とか〈ブランジェリー〉などの今様の看板を掲げた洋菓子店が散在しています。

学習院にお屋敷、洒落《しゃれ》た洋菓子屋に趣のある教会……これほどのコマが揃っていてなぜ要町なんかと同じ豊島区なんだ！　せめて目白台の延長で文京区の方に入れて欲しかった……田中真紀子を都知事にして、文京区への編入を陳情しようではないか！……区割に不満を抱きながら、豊島区からの独立を願ってやまない住人も少なくありません。

NEW TOKYO 23ku MONOGATARI

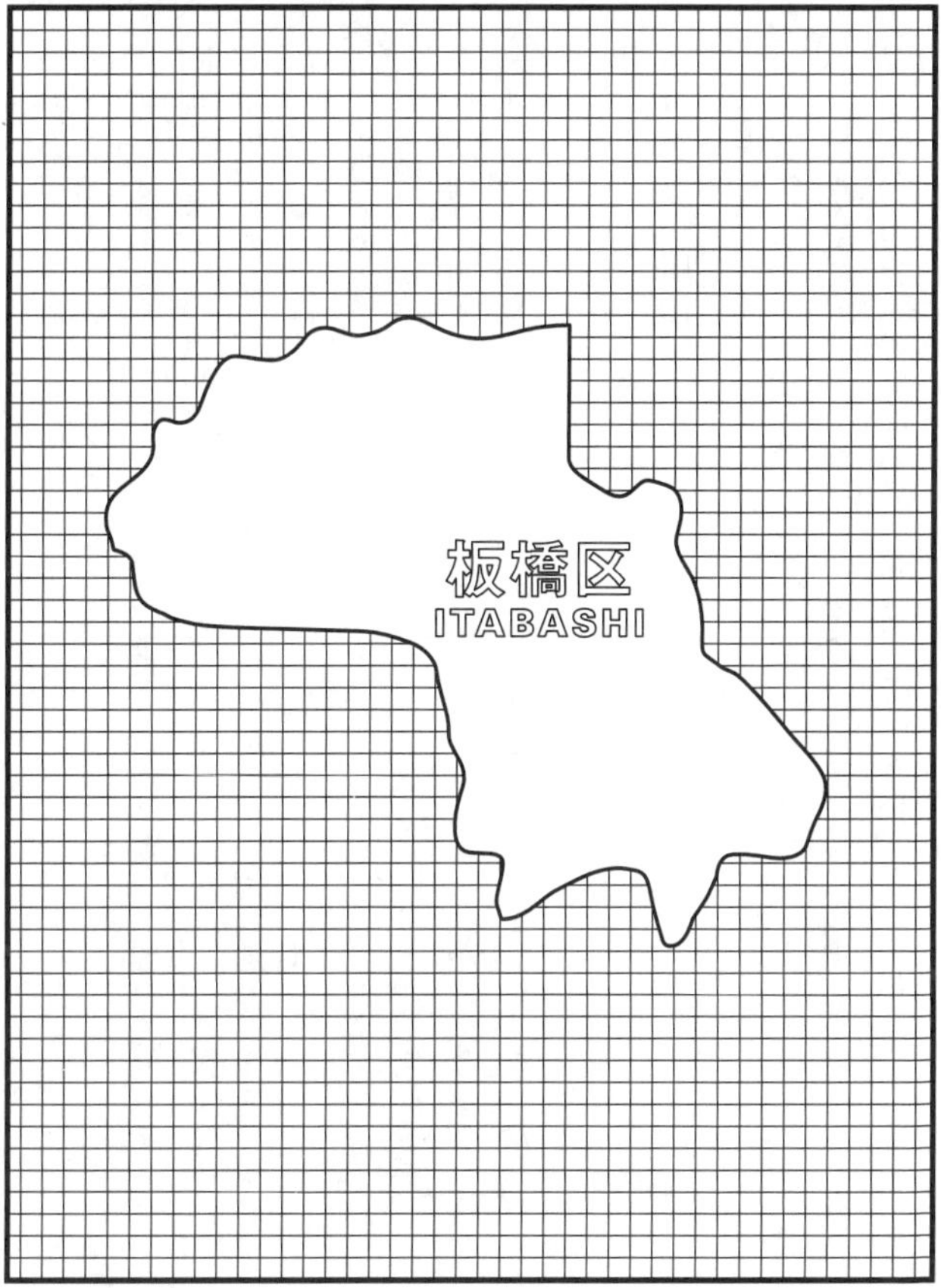

西東京の田舎区の象徴として、練馬の名がよく語られますが、板橋はさらにその北方の区域で、昭和22年まで練馬は板橋区のなかに収容されていました。少なくとも一九六〇年代まで、市街地というと、板橋宿が置かれた中仙道と、川越街道と並走する東武東上線の沿線だけで、あとはほぼ田園地帯。現在の高島平団地の一帯は「徳丸たんぼ」という、区内随一の収穫を誇る、広大な水田地帯でした。

都《みやこ》へ出る鉄道というと、池袋までの東上線しかなかったこの区に、六〇年代後半、待望の都営地下鉄三田線が開通しました。ビルというと、池袋の東武か西武しか知らなかった板橋区民は、これに乗って大手町や日比谷の都会の街並を知ることになったわけです。

東上線ローカル風情《ふぜい》

池袋駅の西端の東武デパートの日蔭《ひかげ》になった、どことなく仄暗《ほのぐら》いところから、正に場末へ進む電車という気配で東武東上線は出発します。沿線に続く大山、中板橋、上板橋といった町は、シロート目には駅を入れ替えてもわからない、どこも似たような町に見えます。ごちゃっとした商店街の先に、イトーヨーカドーのハトのマークが垣間見《かいまみ》える——そんな感じ。なかで唯一《ゆいいつ》、ときわ台の北口は駅前のロータリーから放射状の道路を配して、地元民の間では「東上線の田園調布」と称されている自慢の高級住宅街ですが、町のすぐ横を騒々しい環七通りが縦貫し、やはり田園調布に喩《たと》えるにはかなり無理のある環境、といえるでしょう。

ときわ台、上板橋の次は「練馬」の上に付いた「東武」がいっそう寂しさをかもし出す東武練馬、下赤塚、成増と続きます。

ちなみに東上線の車内広告、とりわけ網棚上の領域には、東横線などにある全国的なメジャー企業のものがほとんど見当りません。目につくのは沿線の結婚式場と墓地の広告。この辺にも西北東京のローカル電車風情が色濃く漂っています。

成増《なります》人と東京大仏

成増出身の石橋貴明《たかあき》と滝野川（北区）出身の古舘伊知郎《ふるたちいちろう》の対談集『第4学区』（この地域の都立高校の区分名）のなかで、古舘が池袋を発《た》つ東上線準急のアナウンスを披露しています。

「この電車は北池袋、下板橋、大山、中板橋、ときわ台、上板橋、東武練馬、下赤塚……には停まりません。次は成増〜」

停まらないなら言うな！と石橋がツッコむわけですが、準急以上の本数が多い郊外電車の性格をもった東上線において、成増は間《あいだ》をすっとばして池袋の次に停車する〝とても厚遇されている駅〟といえるでしょう。

23区の端っこにあって、山手線のターミナル駅（池袋や新宿）からすぐに着く駅、というポジションは、小田急線における成城学園にも似ていますが、その町並はまるで異なります。川越街道側の南口こそ以前から栄えていましたが、北口の方はほんの数年前まで、それらしき駅前広場の類《たぐ》いも見当たらない、散らかった資材置場のような景色が広がっていました。

しかし、成増の面白さはこの北側の方。駅前から起伏に富んだダウンヒル状の地形が始まって、いかにもかつては「ただの山だった」という雰囲気が伝わってきます。宅地の合間に、まだ山里時代の面影を残す雑木林の景色も見えて、初夏の頃にはカナブンがブンブンとあたりを飛び廻っていたりします。

北東の赤塚の方へ進んでいくと、やがて山間《やまあい》に、どす黒い大仏が忽然《こつぜん》と姿を現わします。

これこそが知る人ぞ知る「東京大仏」！　通称・お林山と呼ばれる小高い山の上の乗蓮寺《じょうれんじ》という寺の境内に建立《こんりゅう》されています。完成は昭和52年。ピンクレディーがペッパー警部を唄《うた》っていた頃ですから、鎌倉《かまくら》の大仏のような歴史はまるでありません。それにしても、成増の外れにあって東京大仏、とは、ずいぶんと大きく出たものです。大きく出た……とはいえ、この大仏の寸法は意外と小さく、せいぜい高さ10メートル余り、といったところです。どうせ建てるなら、時折地方都市で見られるような、エレベーターで頭の方まで昇っていく、全長100メートルくらいの凄《すご》い奴《やつ》を建ててもらいたかったものです。池袋のサンシャインあたりから西方を望むと、高島平団地の高さを遥《はる》かに上回る巨大大仏がすっくと聳《そび》えたっている。

成増や赤塚の人たちは、きっと誇りに思うことでしょう。

ところで、この東京大仏が建つ山には、かつて赤塚城という城が、その東方にはもう一つ志村城という、いずれも豊島《としま》一族の城が築かれていました。江戸の北からの攻め口を塞《ふさ》ぐ要塞《ようさい》、という意味合いがあったのでしょう。

いまは、この台地のすぐ北方の低地に、高島平の高層マンション群が要塞のような気配で立ちはだかっています。

小豆沢《あずさわ》から舟に乗って

都営地下鉄・志村坂上駅の東方に、小豆沢《あずさわ》という、なかなか美しい響きの名をもった町があります。所々に古びた町工場が残る、いかにも場末めいた路地を歩いていくと、小豆沢公園という緑豊かな公園に出くわして、やがて新河岸川にぶつかります。

対岸に北区浮間の工場街が広がる、なんとも殺風景な川べりに、ぽつんと船着場が設けられています。実はこんな所から、お台場まで行く水上バスが出ているのです。もともとここは、荒川舟運という運送会社の船着場だったところで、昔は周辺の農家でとれた大根やキャベツを千住の青物市場などへ運び出していました。現在の水上バスは、新河岸川から隅田川に入り、千住、浅草、浜町……と下って、東京湾のお台場へと向かいます。

荒川遊園の裏方とか浅草は桜橋の横っちょの路上生活者の青テント群の真ん前とか、場末っぽいポイントをわざわざ選んで停留所を設けたような、マニアックな水上バスです。たまにはこんなルートを使って〝夜のお台場観覧車〟をめざしてみるのも一考かもしれません。

徳丸が原の歴史

現在、高島平、蓮根《はすね》のマンモス団地となっている一帯は、かつて「徳丸が原」と呼ばれる大穀倉地帯で、高速5号線の南側、赤塚や西台に住む農家の人たちの田んぼが続いていました。付近の諏訪《すわ》神社や北野神社では「田遊祭」と呼ばれる祭礼が催され、豊作を祈って、毎年二月の中頃に農民たちが集まりました。中央に太鼓を置き、棒の先にモチを付けて歌い踊る——といった儀式などがとり行なわれ、23区内でも数少ない〝地方色の強い祭礼〟として珍しがられています。

昭和43年に都営地下鉄6号線が志村（現・高島平）まで開通すると、かつての徳丸たんぼは瞬《また》く間に潰《つぶ》され、付近一帯は一大マンモス団地街に変貌《へんぼう》しました。

昭和40年代になって突如として現われた高層団地街は、おりからの自殺ブームに乗って、「飛び降りの名所」として有名になりました。「高島平の飛び降り」も警備の充実に伴い、いまは下火になりましたが、団地群をつぶさに観察すると、上階部の所々に〝自殺除けのフェンス〟を確認することができます。

赤塚台地の一帯は起伏に富んだ地形をしており、道路整備が不充分だった昭和30年代までは、台風や大雨の際に土砂崩れがよく起こる土地でした。そのような土砂崩れによってむき出しになった切通しが、西台のあたりには頻繁に見られ、「関東ローム層の地質見学」などの生きた社会科ができる23区内では貴重な地域、とされていました。いまでも、徳丸や四葉のあたりに、そのような切通しが僅《わず》かながら残っています。そして、そんな地形柄、この辺一帯は、先史時代の遺跡や貝塚も多く発見された地域です。

NEW TOKYO 23ku MONOGATARI

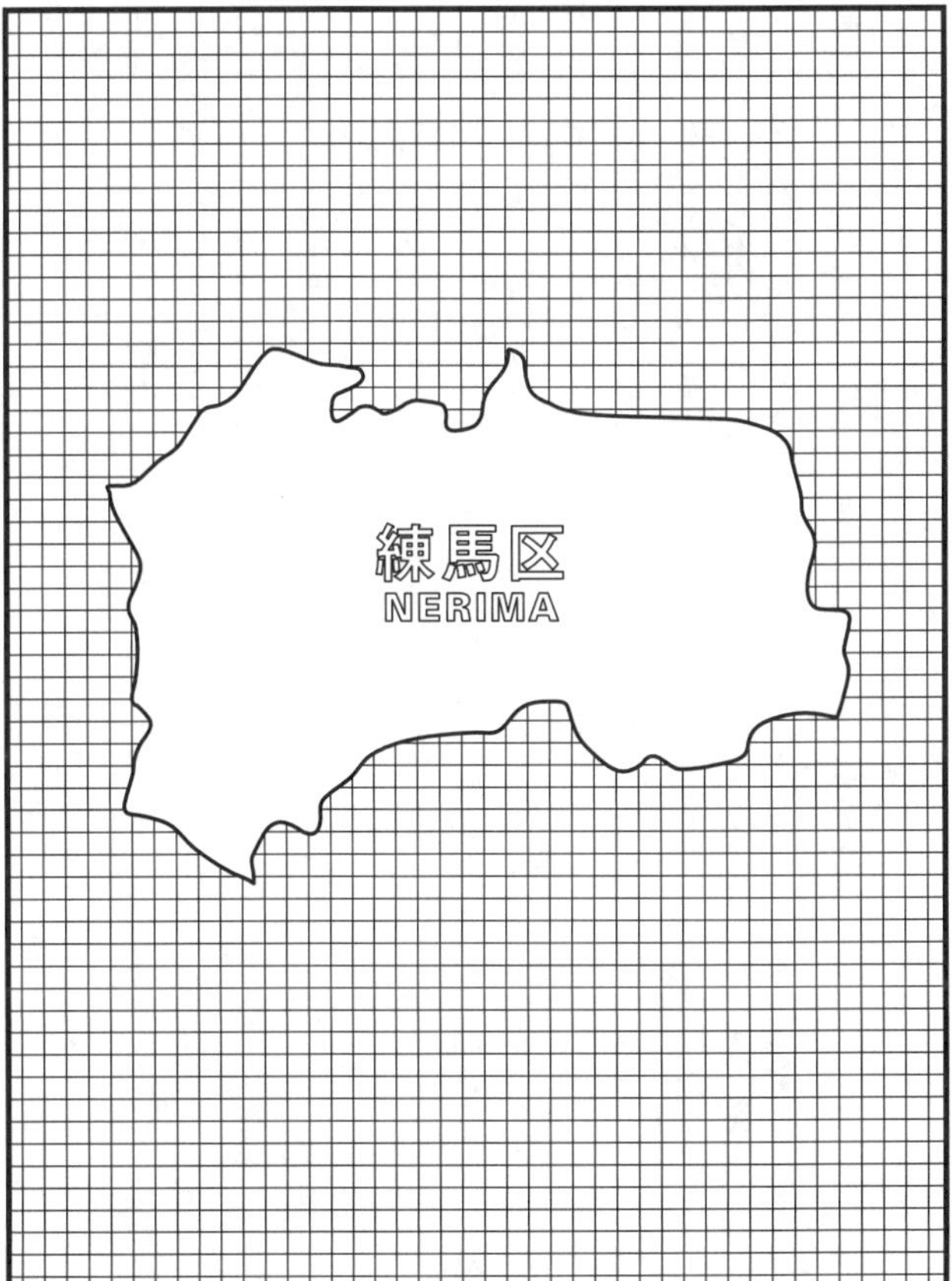

23区西北端の区で、戦後、昭和22年練馬地区住民の涙ぐましい努力で板橋区から独立しました（板橋側は「切り捨てた」という意識かもしれませんが）。区の中央を東西に西武池袋線が走り、この郊外電車の敷設《ふせつ》によって沿線部から発展していった地域です。西武線から離れた地域は発展が遅れ、近年まで、世田谷や板橋、江戸川と並んで専業農家と農地が目立つ区でありました。

「練馬」と言ったときに、まずピンと思い浮かぶ「練馬ダイコン」は、現在の平和台、北町、春日《かすが》町、田柄《たがら》の、石神井《しゃくじい》川北側の台地を中心に、昭和30年代の中頃まで促成されていましたが、その後著しい都市化によって、石神井、大泉に移り、現在、ダイコン畑は資料目的の畑を残して、ほぼ消滅しました。

練馬ダイコンの産地であった地域は、昭和30年代以降、徐々にキャベツやネギなどの都市近郊野菜の畑地に変わり、有楽町線開通後、付近一帯は、ファミリーマートが似合う町並みに変貌《へんぼう》しました。そのような新興田園都市風景の中に、「レジャー農園」として所々畑地が確認できる状態です。また、関越自動車道の乗り口があり、谷原付近、新《しん》青梅《おうめ》街道の上石神井、石神井台にかけての一帯は、かつての農地に「デニーズ」や「すかいらーく」「ロイヤルホスト」……といったドライブインレストランが建ち並び、軽井沢帰りや保谷《ほうや》地区のテニス帰りの若者たちを収容するスペースとなっています。

大江戸線と光が丘人

都営地下鉄12号線の愛称が石原都知事の英断で「大江戸線」と決まったとき、都心に暮らす人々は「なぜ練馬を走る電車が大江戸なのだ……」と首を傾《かし》げたものでした。ともかく、この地下鉄は先に開通した営団有楽町線とともに、さいはての練馬区民をドア・トゥ・ドアで都心へと運ぶ〝夢の鉄道〟として認識されています。

その大江戸線の終着駅・光が丘には、緑地公園やショッピングセンターを設けた、広大な団地が形成されています。ここは以前、「グラントハイツ」という米進駐軍の住宅が存在していたところで、グラントは18代大統領グラントに由来します。

昭和30年代初期の頃の地図を見ると、東上線の上板橋のあたりからグラントハイツに向って支線が敷かれ、「啓志」という駅の名が表示されています。これはグラントハイツ建設の責任者ケーシー中尉を無理に漢字化した駅名です。なんというか、当時の進駐軍の圧力を感じる駅名です。

一九八〇年代に入って、グラントハイツ跡地に光が丘団地が建設されます。ハイツ時代のような、イタそうな鉄条網の囲いさえありませんが、この領域にはいまも外の練馬とを仕切る、目に見えない壁のようなものが存在しています。

団地に入ってきた多くの人たちは、たまたまここが抽選で当たった、という他《よそ》の土地の人間ゆえ、練馬への愛着は希薄です。周辺にある田柄《タガラ》や土支田《ドシダ》といった、練馬的土着地名の町が大嫌いな光が丘人たちは、三輪車に乗った小さな子供が団地の外へ行こうとすると、母親は町境の所でピーッと笛を吹き、無論区内随一の遊園地・豊島園などにはまず連れて行きません。郵便番号七ケタ制の施行以降は、冠の「練馬区」の表示を九割の人が省略する、といわれています。

町の北半分を占める広大な公園には、バードウォッチングが愉《たの》しめるビオトープ式の沼地や、キャンプの張れる広い草地などもあって、奥多摩の方まで遠征する必要もありません。中心地に建つショッピングセンター・IMAは、十余年の歴史を積んで少々くたびれた風情《ふぜい》にはなっていますが、ここで食品や生活雑貨の大方は揃《そろ》います。

とはいえ、たまには〝都〟へ出掛けたい。そんな彼らにとって、大江戸線の都心への延伸は長らく待ち望まれていたことでした。練馬春日町、豊島園、練馬、新江古田までの練馬区間は睡眠薬を使ってでも眠り、区外に出たところから光が丘人は息を吹き返します。

できれば他の練馬区の駅をすっとばしていく快速電車を走らせてくれないものか……そんな陳情書の提出を考えている住人も少なくありません。

豊島園の落城

筆者が育った下落合は、新宿区とはいえ練馬区に近い土地柄、子供の頃に行く遊園地といえば、まず豊島園でした。大正15年に西武鉄道（当時・武蔵野《むさしの》鉄道）が開発したこの遊園地は、昭和30年代、後楽園のジェットコースターに対抗するウォーターシュートが人気を集め、その後も「流れるプール」「コークスクリュー」と、主に〝水モノ〟のアトラクションを次々とヒットさせました。

さて園内に入ると、途中に石神井川が流れていますが、その南岸の小高い所に「練馬城跡」という史跡があるのをご存じでしょうか？　室町時代の武将・豊島泰経が治めていた城で、豊島園の名はそこから由来するものなのです。豊島氏は当初、北区の上中里付近に城を築き、その後石神井川を上って、この練馬と石神井の二つの城の主《あるじ》となりました（北区にある豊島の町名はその名残）。

ま、こういった由来に基づけば、本来「豊島」の区名は練馬か北区に割り当てるのが妥当だったような気もします。

豊島氏は江古田ヶ原の合戦（現・中野区内・江古田公園）で太田《おおた》道灌《どうかん》率いる軍に敗れ、石神井城に追いやられます。道灌軍は杉並の道灌山（現・井草四丁目付近）に陣を取り、北方の石神井城を包囲攻撃して、豊島泰経は最後、白馬に股《また》がって三宝寺池に沈んでいった――という一説があります。

江戸城を取った太田道灌にこの練馬の城主は滅ぼされた、と思うと、現在豊島園の地底を通っている大江戸線の名も、皮肉な感じがしてきます。また、豊島園の水モノアトラクションには、石神井川を上って三宝寺池で沈死した、豊島氏の怨念《おんねん》のようなものが反映されているのかもしれません。

氷《ひ》川台《かわだい》と平和台

練馬区の地図を見渡すと、目につくのが「台」の付く町名です。氷川台、平和台、桜台、富士見台、高野台、石神井台――世田谷にある「沢」の町名には、古くからの由緒《ゆいしょ》あるものが多いのですが、こちらは西武線の駅名に端を発した桜台、富士見台あたりが比較的古いところで、あとはこの二十年来の新興住宅街にあてがわれた、イメージコピー的な町名です。

光が丘もそうですが、戦後開発されたニュータウンには、何かと〜丘、〜台、あるいは〜野、といった名が付けられる傾向があります。氷川台、平和台は、地下鉄有楽町線の開通に伴って開発された住宅街ですが、昭和40年までは「仲町」という手を抜いたような町名が付けられて、広大なキャベツ畑が続く土地でした。

手元にある昭和34年7月10日の読売新聞に、当時のこのあたりの雰囲気をよく伝える記事が載っています。

「モンシロチョウ大発生――

ツユあけのうだるような暑さの訪れと同時に都内の〝農村地帯〟練馬区大泉、仲町、世田谷区砧《きぬた》方面に十数年ぶりでモンシロチョウの異常発生があり、畑一面さながらモンシロチョウの海。お百姓さんは〝野菜豊作の前兆〟と喜んでいるが、子供たちは飛び出して捕えるどころか逆にチョウチョウに追いかけられ泣き出す始末で、ちょっとした〝モンシロ騒動〟をおこしている」

野菜豊作、と喜んでいたお百姓さんの二代目は畑を売ってマンションやファミリーレストランが建ち、残った土地で細々と〝レジャー農園〟を経営していたりします。そんな氷川台、平和台のマンションに入ってきた人たちというのは、光が丘の人と同じように、手垢《てあか》の付いた練馬イメージを嫌っています。

住地を尋ねられたとき、たとえば世田谷や杉並の人は細かい町名までいわず、漠然と「世田谷……」「杉並の方……」などと答えたりすることがありますが、この辺の人はまず百パーセント「練馬の方……」という答え方はしません。

「有楽町線の氷川台」

と、有楽町にアクセントを利《き》かせて、あたかも氷川台が都心・有楽町に隣接する町、と取れるような返答をします。そんなときに、「あぁ、練馬の北の方ね」とダメ押しのような言葉を返してはいけません。

氷川台、平和台という、「それほどメジャーではないけれど、どことなく趣味の良さそうなノーブランド商品」みたいな部分を好んでいるようなところもあります。

「要町《かなめ》」では「池袋」の色が見え過ぎるし、「営団赤塚」「営団成増」まで行ってしまうと、東上線の人になってしまう。なんというか、巨人軍のいい二軍選手に目をつけた、というような気分でこの土地を選んだわけです。

界隈《かいわい》に暮らす〝コマダム系主婦〟の類型的な行動パターンを解説しますと、日用雑貨こそ平和台交差点に聳《そび》えたつ、生活臭漂う「ダイクマ」や「ライフ」で揃えるものの、週に一度は有楽町線でプランタン銀座あたりに繰り出し、ときに、ワイドショーで情報を仕入れた池袋西武地下ルノートルのメロンパンの行列に並び、通常の休日は近所のファミレスの〈タイ料理フェア〉などでトムヤンクンやパパイアのサラダ……を味わいます。また、近くに見つけた〝イタリアの三色旗を出した料理店〟のことをＨａｎａｋｏの編集部に投書し、掲載される日を愉《たの》しみに待っています。

ちなみに子供の受験校も、やはり有楽町線沿線の跡見、暁星《ぎょうせい》、白百合《しらゆり》……といったあたりがターゲットとなります。当然、お膝元《ひざもと》の文京お受験ママたちとの関係は、ギスギスしています。

大泉学園の挫折《ざせつ》

くねった農道が続く練馬の北西部のなかにあって、大泉学園町の一帯だけは、成城を思わせるような区画されたマス目状の街路が築かれています。ここは戦前、正に成城にならって、郊外の学園都市を開発しようと誘致運動を試みたのですが、戦争で挫折しました。ちなみに、駅の南にある「学芸大付属大泉」は、この都市計画とは関係なく出来た学校で、区画地域のなかに建つ、大泉学園小、中、高校も、その後住民のために設けられた単なる公立学校です。

成城のような、名門私立学園を中心にした町には育たなかったものの、並木の続くメインストリートを真ん中に、マス目に仕切られたゆったりとした宅地が広がる風景は、ちょっと他の練馬地域では見られないものです。

このあたりを歩いていると、「都民農園セコニック」という方向幕を掲げた西武バスが走っています。筆者は当初、ヨーロッパの郊外都市じみた町割から、どこかに「ユネスコ村」みたいな風車が廻る農園でもあるのだろうか……と想像していました。オランダの民族衣装みたいなもんを着たおねえさんたちが♬ヤッホー　ホットランランラン……なんて唄《うた》いながら草摘みをしているような……。

ところがどっこい、都民農園というのは、戦前の学園都市計画の時代にプランされた農園で、これも結局宅地に化けて、いまはちっぽけな児童公園が残っているだけでした。付近の住民は、昔からの習慣で、そこを「都民農園」と呼んでいるようです。

そして、下に続く「セコニック」の方は、少し先の、正確には新座市の領域にも建つカメラの露出計メーカーの名前。なんというか、マンションで開いているファッションヘルス（風俗産業）を「マンヘル」と呼ぶような、随分と乱暴なバス停名です。

学園もないのに大泉学園、農園もないのに都民農園。練馬北端の〝虚仮《こけ》おどしの成城学園〟とでも呼びましょうか。

NEW TOKYO 23ku MONOGATARI

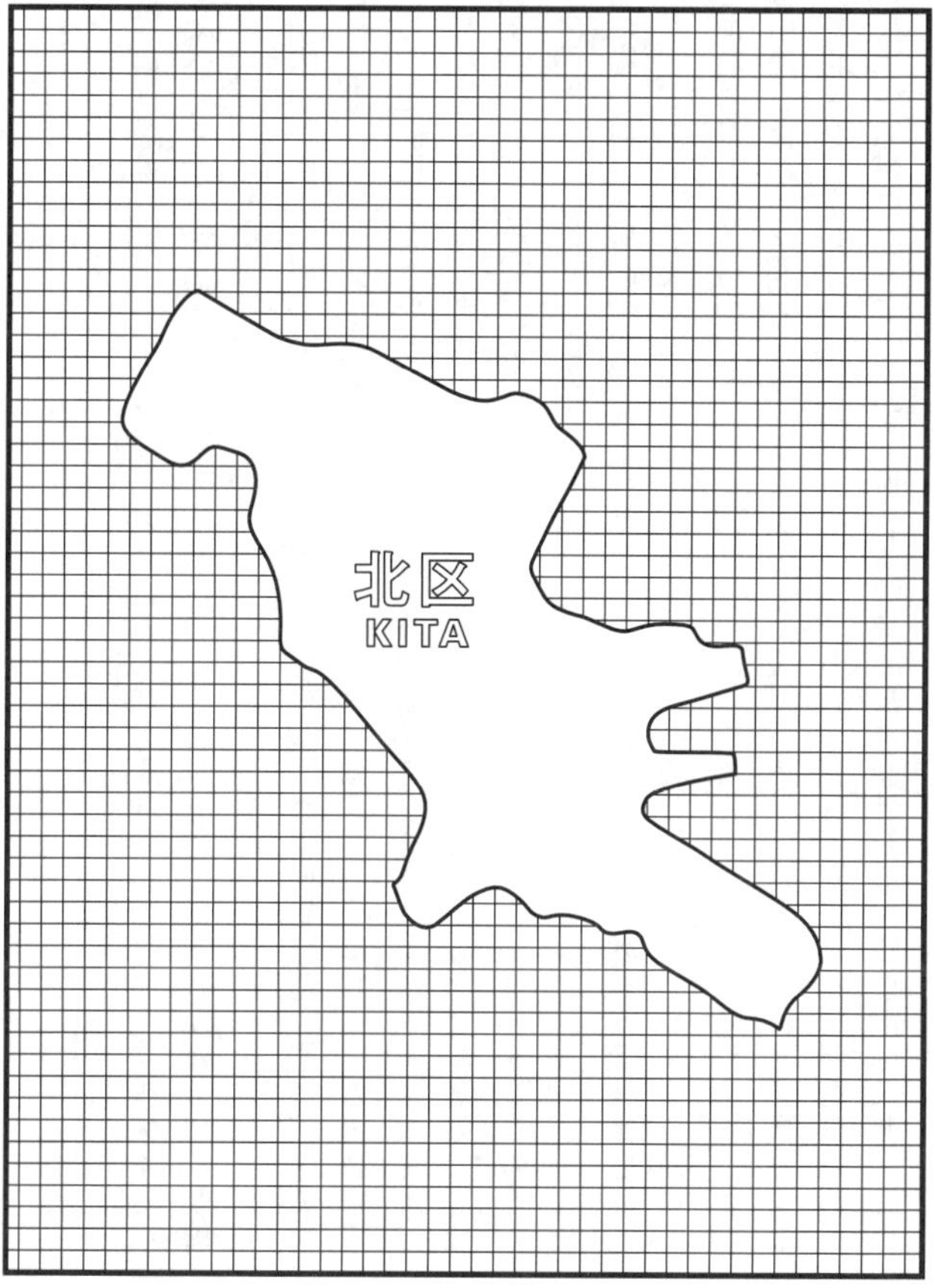

東京23区の区名は、町名や集落名、あるいはかつての土地の有力者の名に由来する場合が多いようですが、その中で「北区」というネームは、「中央区」と並んで単純明解なパターン、と言えましょう。

戦前、35区の時代は「王子区」と「滝野川区」に分割されていました。概《おおむ》ね、区の合併がなされる場合、新区名は「大田区」（大森区と蒲田区）のようにお互いの字を一字ずつ取って「王滝区」としたり、東西南北という位置関係をもとにネーミングする際は「台東」「江東」といった具合に、何かちょっとひとひねりするものです。たとえば、せめて「城北」とか「江北」「北京《きたきょう》」とか……。単に都の北部にあるから「北」というのは、影の薄い地域とは言え、あんまりな気がします。

全般的に影の薄い区域の中で、赤羽は23区北の玄関口として、成熟した商業街と住宅街が開けています。王子は、赤羽が栄える以前に区の中心となっていた商業地で、飛鳥《あすか》山の下を流れる音無《おとなし》川流域の一帯は、23区北部の渓谷美地帯として名が知れています。かつては川沿いに「王子七滝」と呼ばれる滝が並び、〝東京の日光〟の趣さえありました。京浜東北線から東側、つまり隅田川に向かっての地域は、製紙工場などをはじめとした大きな工場地帯になっています。東北新幹線の傍を通勤新線・埼京線が一九八五年九月末に開通した浮間《うきま》地区は、工場街の狭間《はざま》の空地に、団地やマンションが続々と建設されています。

栄光の南北線

これといって大きな特徴のない、といいますか、とりわけ〝トレンディーな話題スポット〟に乏しい北区民たちが、待ち望んでいたのが地下鉄南北線、の開通です。赤羽岩《いわ》淵《ぶち》という、北区の北端、荒川べりの駅から区の中心部を南進して、四谷、溜池《ためいけ》山王……いまや、この地下鉄一本で六本木（アークヒルズ前）から目黒、田園調布を通って横浜方面までアクセスできるようになりました。

そして、何よりこの地下鉄の自慢は、成田空港のトラムや「ゆりかもめ」のように、ホームの端に壁の仕切りがあって、ホーム側のドアと車両のドアとを二重にくぐって、乗車する仕組み。

北区史上初のトレンディー装置、といってもいいかもしれません。

乗ってみると、四谷から赤羽までこんなに近かったのか……と、長く東京で暮らしている人も、意外な発見をしたような気分になります。たいへん便利な路線なのですが、いまだこういった地下鉄が通っていることをふと忘れて、都心から山手線や埼京線、京浜東北線を使って迂回《うかい》するように赤羽方面へ向かう人、というのが少なくありません。

とりわけ六本木（二丁目）から目黒方面の区間が開通して以降、専《もっぱ》ら南北線の話題というと「麻布十番」や「白金台」ばかり取りあげられるようになって、本来の北区の区間はますます世間から忘れ去られようとしています。

王子・十条・赤羽の格差

北区には、王子・十条・赤羽という三つの中規模の町が南北に続いていますが、東京都民でもその位置関係を明確に把握している人はあまり多くないでしょう。なかには、もうこの辺は川口、西川口、蕨《わらび》と続く埼玉県の領域、と錯覚している人もいるほどです。駅前には〝東京北部の象徴〟くすんだ緑色の国際興業バス（最近明るいトーンに改装されつつある）の姿が目につき、ちょっと気をぬいて歩いていると、二軍落ちしたような風情《ふぜい》のコンパニオン嬢からサラ金のチラシが入ったポケットティッシュを差し出されます。

とはいえ、こまめに散策してみると、各々《おのおの》特徴をもったなかなか趣のある町、ということに気づきます。

王子駅南方には、広大な緑が続く飛鳥山《あすかやま》公園があります。ここは徳川吉宗《よしむね》が植樹を勧めた上野や浅草と並ぶ由緒《ゆいしょ》ある桜の名所で、北方を流れる音無川（石神井川）の周辺は、一瞬奥多摩を思わせるような渓谷美を漂わせています。王子の産業といえば、王子製紙に代表される製紙業が有名ですが、それもこの豊かな川の水を利用して興《お》こったものです。また、川沿いの低地に広がる滝野川は、以前「亀《かめ》の子タワシ」の生産地として知られていました。

音無川の北方に続く台地の崖《がけ》には、不気味なキツネの石像が並ぶ王子稲荷《いなり》や、名主の滝、などの名所があります。

その先の十条は、一九七〇年代の頃まで、近くの帝京高校と朝鮮高校のツッパリ学生が、しばしば抗争を繰り広げる物騒な町でしたが、その後、帝京が〝朗らかなスポーツマンとお坊っちゃん〟を養成する校風に鞍替《くらが》えしたことから、いまはしっとりとした静けさをとり戻しています。十条仲原へ続く長いアーケード商店街には庶民的な店が並び、駅東口の演芸場通りには、「篠原《しのはら》演芸場」という、いまや東京では珍しくなった大衆演劇の小屋が残っています（梅沢富美男《とみお》を輩出した劇場として有名）。

十条から赤羽にかけての西方は、台地の隙間《すきま》に細かい谷が入りくんだ複雑な地形をしていて、上ったり下ったりの山歩きをしているような気分を味わうことができます。また、この周辺にはかつて、陸軍関係の工場や倉庫に向って敷かれた貨物線が何本も通っていたことから、最近ハヤリの〈鉄道廃線跡探し〉のマニアが、古地図片手に路面を見つめながら歩いていたりします。

赤羽駅前は、冒頭で王子や十条と似たような……と記述しましたが、実際ビルの数などは一段と多く、二町に決定的な差をつけるように、最近、あのスターバックスが発生しました。もはや赤羽の住人も「キャラメル・フラペチーノ」の味を知るようになった……ということです（赤羽に続いて、その後王子にもスタバは出現した）。

さて、南北線の都内最北端駅赤羽岩淵の近くには、近年、東京の観光スポットとして脚光を浴びつつある、23区内唯一《ゆいいつ》の造り酒屋・小山酒造が存在します。

古びた酒蔵のなかには、大きな醸造樽《だる》が設置され、傍らの壁に奇妙なナワが取りつけられています。職人が樽の酒を櫂《かい》でこね廻すとき、強い酒の臭気で酔っ払ってなかへ落っこちる、のを防止するため、ナワを腰にくくりつけて仕事をするそうです。スタバのバリスタたちにも、一度こんな〝命を賭《か》けたキャラメル・フラペチーノ造り〟を体験させたいものです。

NEW TOKYO 23ku MONOGATARI

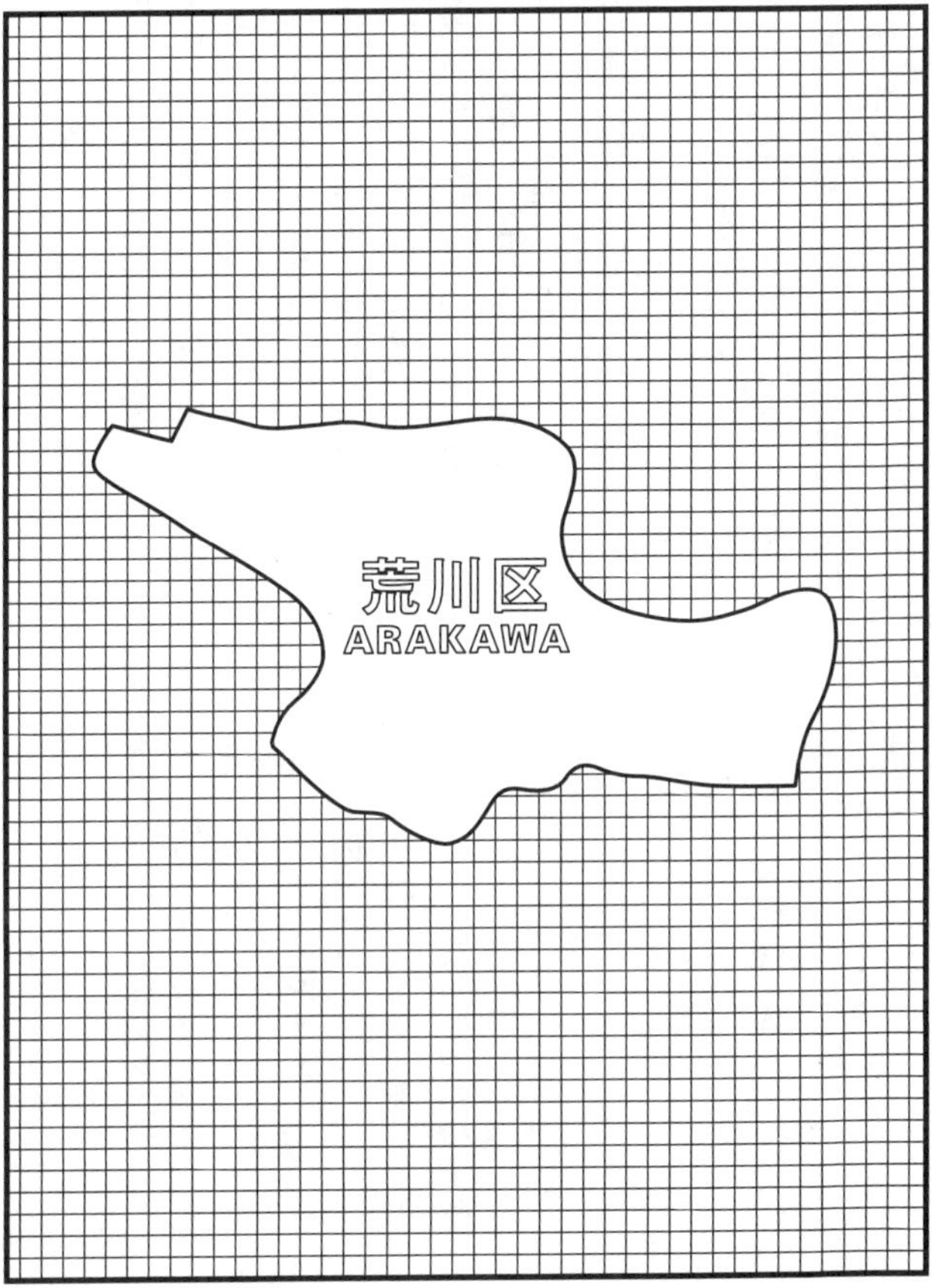

荒川区は、文字通り旧荒川（現・隅田川《すみだ》）の南岸に沿った地域で、川沿いを中心に工業地、南部の日暮里《にっぽり》、三河島、南千住の周辺と、都電荒川線の沿線に商業地が点在しています。

西日暮里駅の西側、西日暮里三、四丁目の一帯は「道灌山《どうかんやま》」とか「日暮らしの里」と呼ばれる高台で、江戸の風流人たちが月見や花見、ウグイスの鳴き声を聞きながら過ごした——という謂《いわ》れのある野趣な土地です。近年は、区内を東西に横断する都電荒川線、日暮里駅東口に残る駄菓子問屋街、町屋のもんじゃ焼屋……といったところが、下町特集の定番スポットとして、人気を集めています。

南千住の野球親子

荒川区の町は、一町ごとの面積が広い、早く言えば大雑把《おおざっぱ》なつくりになっています。区内を数えても、西から「西尾久《おぐ》」「東尾久」「町屋」「荒川」「西日暮里」「東日暮里」「南千住」と、区面積こそ10平方キロ強の狭いものですが、「一区あたり七町」というのは、とびぬけて少ないケースです。

ということで、「八丁目」くらいまである町がザラです。区の東部に位置する南千住も八丁目まである大きな町で、六丁目の現在「区営球場」になっているところに昭和50年代はじめまで、「東京スタジアム」が存在しました。

東京スタジアムは「東京オリオンズ」（現・千葉ロッテ・マリーンズ）の本拠地で、東京唯一《ゆいいっ》の球団、ということもあって、当時、このあたり一帯には無数のオリオンズ・フリークが暮らしていました。

東京オリオンズは、永田雅一《まさいち》氏をオーナーとする株式会社・毎日大映の球団で、昭和39年、「大毎オリオンズ」から「東京オリオンズ」に名を改めました。東京スタジアムを使いはじめたのは、昭和37年からです。

それでも、23区内のほぼ90％の人は巨人ファンですから、地元・荒川と言えども、「パ・リーグならオリオンズ」と言った、巨人との並行ファンが多かったわけです。だいたいオリオンズという球団は、全国区的にはマイナーでしたから、「オリオンズの野球帽」なんてものは、町屋あたりのスポーツ店でも、ほとんど置いてありません。よって、オリオンズの野球帽づくりは、荒川地区の母親たちの大切な家事の一つ、となっていました。

オリオンズの帽子というのは、フライヤーズのように「F」とか、カープのように「C」といったアルファベット文字のワッペンを買ってきて縫いつければ完了——という代物《しろもの》ではありません。アラビア文字のようなゴテゴテした「O」の中に、何か☆マークのようなものがゴチャゴチャ詰まっている、やたら手間がかかりそうなマークでした。失敗して、「ブレた捺印《なついん》」みたくなってしまったマークの入ったオリオンズ帽を被《かぶ》った少年たちが、スタジアム近辺には何人もいました。

彼らオリオンズに燃えた少年たちは大人になっても野球熱が冷めやらず、荒川の河川敷や南千住球場で草野球に没頭しています。そういった、「帽子もない」「ジャンパーもない」といった苦境に耐えながら野球熱を盛りあげていった風土には、「荒川リトルリーグ」などの少年球団も発生し、旧オリオンズ・フリークの父親たちは、息子たちを入団させ、未来の「醍醐《だいご》」や「榎本《えのもと》」「ソロムコ」を養成すべく、訓練に余念がありません。

町屋あたりの呑み屋に入ると、「やっぱオリオンズは永田さんがやってた頃だわな、榎本と八田が抜けてからダメになったんだよぉ……」なんていう、土地の古老たちが話す40年前の野球談義を、いまも耳にすることができます。

迷路の町　汐入《しおいり》

常磐《じょうばん》線南千住駅の東側、現・南千住八丁目の一帯はかつて「汐入」と呼ばれていた地域です。現在は西隣の南千住四丁目、三丁目と地続きになっていますが、昭和40年代まではいまの橋場橋通りのあたりから運河で、地図をみてもらえばわかると思いますが、要するに北区の浮間《うきま》と同様、隅田川の蛇行によって生じた土地だったということです。

南千住駅から汐入都営住宅行きの都バスに乗ってこの地域に入ってくると、不思議な町に迷いこんだ、という気分になります。まず、この汐入地区の入り口で「ガス会社」という人を食ったようなバス停に出くわします。傍らに存在する「東京ガス」を意味するわけですが、あっさり「ガス会社」と付けるのも妙なネーミングです。おそらく、昔名付けた素朴な停留所名が、そのまま引き継がれているのではないでしょうか。

汐入の終点付近には、10年ほど前まで、かつての日紡工場の跡地が広大な原っぱのまま放置され、野原を取り囲むように小さな木造家屋の民家が建ち並んでいました。一画に昔ながらの銭湯や駄菓子屋、豆腐屋……などが寄り集まった、正に時代から取り残されたような下町の家並が……。

しかしこの一帯は「白鬚《しらひげ》西再開発地区」という、いわゆる震災対策の再開発ポイントに指定され、その隣には、最新の都営高層マンションが林立する町並に変貌《へんぼう》しつつあります。隅田川際《ぎわ》に、僅《わず》かながら往年の民家が大方廃屋となって、姿をとどめています。表札を注意して眺めると、「高田」という姓が多い。高田、杉山、竹内、の三家は戦国時代からの古い土着の家で、このあたりの人々は、貝殻をウスでひいて作る胡粉《ごふん》（能面の顔料などに使う）を生産していました。
マンションの棟には〈けやき通り南1号館〉なんていうイマ風のネームが掲げられ、往年の汐入をしのばせるものも、まもなく消え去ろうとしています。

赤札堂ともんじゃの町屋

東京唯一の都電、荒川線の始点・三ノ輪橋の駅は、南千住の西の外れ、日光街道に面した古びた写真館の裏方に隠れるように存在しています。これに乗って最初に出くわすにぎやかな町が町屋。ここには都電の他に京成、千代田線と、三線の駅が集合しています。

町屋の〝ランドマーク〟といえる物件の一つに、東東京を代表するデパート「赤札堂」があります。にぎやかとはいえ、どことなく場末めいた趣の漂う町並に、くすんだ赤いネオンがよく馴染《なじ》んでいます。店内には周辺の荒川老婆《ろうば》の姿が目につき、上階の衣料品売場には、エビ茶色や深緑……といった、やはりくすんだ配色を主体にしたフリースが、ユニクロよりも安い値札を付けてぶら下がっています。

ところでいまどき〝もんじゃの町〟といえば、八割方の人は「月島」の名を挙げるでしょうが、実は町屋界隈《かいわい》が発祥、という一説があります。京成電車の高架下から斎場に向かう歓楽街にかけて10軒余りの店が点在し、ミーハーな観光客が主体となった月島とくらべて、こちらの方は通っぽい地元民がテーブルを埋めています。

メンタイとか納豆とか、バナナやクリームまで投入した、最近の月島系キワモノを出す店は少なく、ポピュラーになっている「土手づくり」（最初にキャベツ片で周縁に囲いを築く）の流儀も、ここ町屋ではタブー視されているようなところがあります。

土手は、昔駄菓子屋の小座敷の鉄板で子供たちがもんじゃを焼くとき、隣のグループのと一緒にならないように築いた砦《とりで》のようなもので、料理店の各テーブルで個別に焼くときには意味がない――町屋のおかみさんはそんな講釈を垂れます。

ちなみに「もんじゃ」の発祥は、大正の大震災の直後、食糧難にあえぐ下町の駄菓子屋から生まれた、という説があります。それに従えば、あれはいたしかたなく〝粉を水で薄めた〟ということになります。また、もんじゃのことを、隅田川を渡った千住（北千住）地区の古い人たちは「ぼった（焼）」などと呼んだりします。

ぼった――これは「水っぽいべっちょりした状態」とも解釈できますが、「ぼったくり」（水で薄めたインチキなお好み焼……）を皮肉ったような呼び名、という推理も浮かびます。

他に、町屋界隈の居酒屋やもんじゃの店で目につく特殊な飲み物に、「レッドアイ」というのがあります。ビールをトマトジュースで割った、という代物。どうやらこの町の人は、薄めたり、割ったりするものを好むのかもしれません。

NEW TOKYO 23ku MONOGATARI

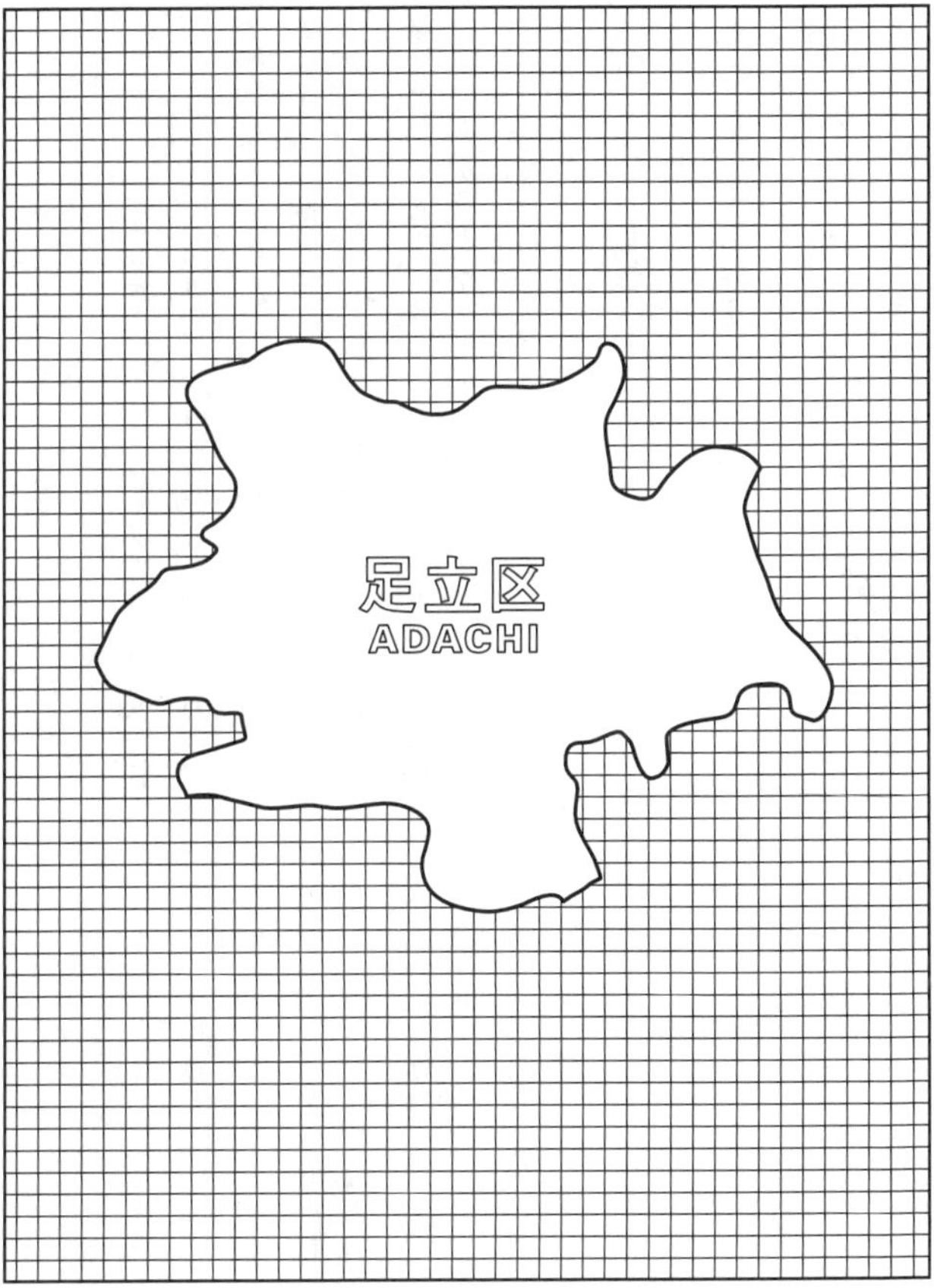

23区内の最北東端、「東部の練馬」の異名をもつのが足立区《あだち》であります。

足立区内で唯一《ゆいいつ》江戸の昔から開けていたのは荒川の南、隅田川との狭間《はざま》の千住地区で、ここは奥州《おうしゆう》街道（日光街道）沿いに新宿、品川、板橋と並ぶ江戸四宿の一つ、千住宿があり、ここを中心に商業地が栄えました（尤《もっと》も荒川がこの地に建設されたのは大正時代です）。そして、区中央部の西新井《にしあらい》大師。この二拠点を除いて、ほとんどの地域は水田農耕地であったところに、戦後、川沿いに工場街、農耕地に住宅、団地が発生し、環七通り開通以降の区画整理事業も加わって、足立はめくるめく都市近郊地域の様相を呈してきました。南端の京成関屋には、ポスト・ディズニーランドとも一部で一時期囁《ささや》かれた関屋アメージングスクエアなる大迷路を看板にした遊園地もありましたが、あえなく閉園し、現在スポーツ施設としてのみ存続しています。

ほねつぎの町　北千住

足立区最大の都市、というより、唯一、の街らしい街、といえるのが北千住の界隈《かいわい》です。東東京のオシャレビルの象徴「ＡＢＡＢ」や新宿からやってきた「ルミネ」などの駅ビルには、銀座かねまつ、ダイアナ、無印良品、新星堂、チケットぴあ……といった、いっちょまえの都らしいテナントが収容され、20年前まで見受けられた、西の人々との生活格差は、もはや解消されつつあります。

テナントのなかには、109のコギャル系ショップをちょっとゆるくしたような店や、「カンデラおばさんのパスタ小屋」なんていう、小ジャレたネームのスパゲッティー屋なども用意されています。北千住の風情《ふぜい》と「カンデラおばさん」がどこで結びつくのか……とも思いますが、ゆくゆく渋谷や西麻布へと繰り出していく足立の若者たちが、トレンドに対する抵抗力を養うには、ちょうどいい塩梅《あんばい》の駅ビル、という感じがします。

駅の西口に出てアーケードの通りを進んでいくと、日光街道にぶつかる前に、旧日光街道の筋と交差します。この旧道沿いの一帯がかつて千住宿としてにぎわっていたところで、右手の荒川放水路の方へ歩いていくと、「かどや」という昔ながらのダンゴ屋、そして放水路に行きあたる手前に、接骨院の名門・名倉医院が江戸の屋敷を思わせる佇《たたず》まいのまま、いまも健在です。

名倉の接骨院が盛況だった時代、遠路はるばるやってきた治療待ちの患者があふれ、それを目当てに周辺に宿屋が建ち並んだ、といわれています。いまも、かつての旅籠《はたご》をしのばせる造りの建物が、僅《わず》かばかり確認できます。

この旧日光街道は、大正時代に荒川放水路が敷かれたとき、向こう岸と寸断され、メインストリートは現在の日光街道の方に移りました。ところで、千住の名の由来となったのは、やはりあの〝千手観音《せんじゅ》〟。二丁目の潤徳学園に隣接する勝専寺に、源となった観音様が祀《まつ》られています。

煙突の見えた場所

千住の繁華街を西進していくと、隅田川と荒川に挟まれた中州のような一画に、千住桜木町という町があります。ここは、40代以上の世代には馴染《なじ》み深い「お化け煙突」があった場所。正式には、東京電力千住火力発電所の〝四本の煙突〟のことですが、つぶれた菱形（上から見て）のように配置された煙突は、眺める位置によって、一本、二本、三本……と数を変えることから、その呼び名で親しまれていました。

東京オリンピックの年（昭和39年）に取り壊されましたが、それまでは周辺地域の一種のランドマークで、とりわけ、昭和28年、五所平之助監督が撮った映画「煙突の見える場所」で有名になりました（ビデオ化されてますので、興味のある方はご覧になってください）。

ちなみに、その映画の舞台となっているのは、荒川対岸の千住八千代町（現・梅田一丁目）から本木《もとき》にかけての地域。映画に出てくるような〝長屋街〟はもはやほとんど残っていませんが、本木や関原《せきばら》から北の西新井大師へ抜ける商店街には、所々、古いトタン看板を掲げた懐《なつ》かしい店屋を見ることができます。

そうそう、お化け煙突の残骸は、桜木町の東電に隣接する元宿小学校校庭の遊具として、保存されています。

西新井大師の野望

東武線の西新井駅から大師前まで向かう短い支線が出ています。現在、大師前の駅は係員のいない無人駅で、こちらから乗りこむ人は、到着した西新井の改札で料金を支払う、というシステムになっていて、その辺もいかにもローカル線風情を醸《かも》し出しています。

弘法《こうぼう》大師が開き、厄除《やくよ》け開運の霊場として名を馳《は》せたこの大師様も、いまや新年の初詣《もう》での時期を除いて、寂れています。門前にはダンゴ屋やダルマを売る土産物屋が軒を並べていますが、人出よりも呼びこみをする店のオバチャンの数の方が多い、といった状態で、これはなんとかしなくてはなりません。同じ、草ダンゴをウリモノにした門前町、柴又《しばまた》のようなにぎわいを取りもどせないものか……。

向こう柴又は、とりわけ渥美清の没後、〝寅さんの町〟として活性化しました。いま、大師前の人々が目をつけているのが「ビートたけし」です。近隣で生まれ育った「たけし」をどうにか使えないか。寂れた土産物屋のオバチャンたちは、たけしが彼岸に旅立つ日を手ぐすね引いて待っている……といわれています。

焼肉とガリバーの西足立

西新井や竹ノ塚から西の地域は、30年も前まで、お隣の埼玉県に向って、田畑ばかりが果てしなく続いていました。舎人《とねり》、入谷《いりや》、古千谷《こじゃ》、皿沼《さらぬま》、谷在家《やざいけ》……と、町名にも田舎然とした名が色濃く残っていますが、いまや、湾曲していた農道は直線の新道に整理され、田畑の跡には、次々と中古車屋が発生しました。右を向いても左を見ても、値札を掲げた足立ナンバーのポルシェやBMが目につき、これでもか！とばかりに、ガリバーのステ看が視界に飛びこんできます。

1・中古車屋、2・焼肉屋、3・フィリピンパブ——空地がぽつぽつと目につく新開地のなかに、そんな三物件が散在している。足立西部の景観を一言で語ると、そんなところでしょう。

焼肉といえば、荒川際《ぎわ》の鹿浜《しかはま》に在する「スタミナ苑」は、一九八〇年代なかば、マガジンハウス系の編集者、スタイリストを通して「KYON²」（当時表記）らオシャレ有名人が通うようになって、山本益博のグルメ本（『ダイブル東京』昭文社）の〝23区内最北の★印ポイント〟に認定されるまでになりました。鹿浜から本木にかけての荒川北岸の地域は、もともと在日朝鮮人の人々が多く暮らしている土地ですから、まだまだ〝隠れた名店〟が埋もれていることでしょう。

また、この鹿浜には、往年の茅葺《かやぶ》き屋根の農家や水田を再現した「都市農業公園」という足立らしいスポットも設備されています。

炎天寺と足立ナンバーの六月町

西の足立を書いたのだから、東武線の東の足立、も触れなくてはならないでしょう。こちら東部も、保木間《ほきま》、六月《ろくがつ》、六町《ろくちょう》、花畑《はなはた》、大谷田《おおやた》……と、やはり野趣な町名が散在しています。

東足立の物件というと、花畑に広がる大規模な団地、螺旋《らせん》状の入出路が築かれた首都高の加平インター、近隣の人しか知らないでしょうが、西保木間には「玉泉院　足立シティホール」という、いかにも地方都市じみた結婚式場があります。

六月、六町、六ツ木と、六絡みの町名が目につくのもこのあたりの特徴です。六月町というのは、昔この地で源義家が豪族と六月（旧暦）に戦った……という由来で、その日が炎天だったことから、炎天寺という寺が設けられました。

この炎天寺は、小林一茶の句に「蟬《せみ》なくや六月村の炎天寺」と詠《よ》まれたことから、一茶の銅像や、ヤセ蛙《がえる》のオブジェを配した池などを設けて、一茶ゆかりの寺を名乗っています。またこの東六月町にある足立自動車教習所が、東東京ドライバーたちにとって、いい、い、い、い、い、切りたくても切れないアイデンティティーを形成する〈足立ナンバー〉の発生源になっているところです。

NEW TOKYO 23ku MONOGATARI

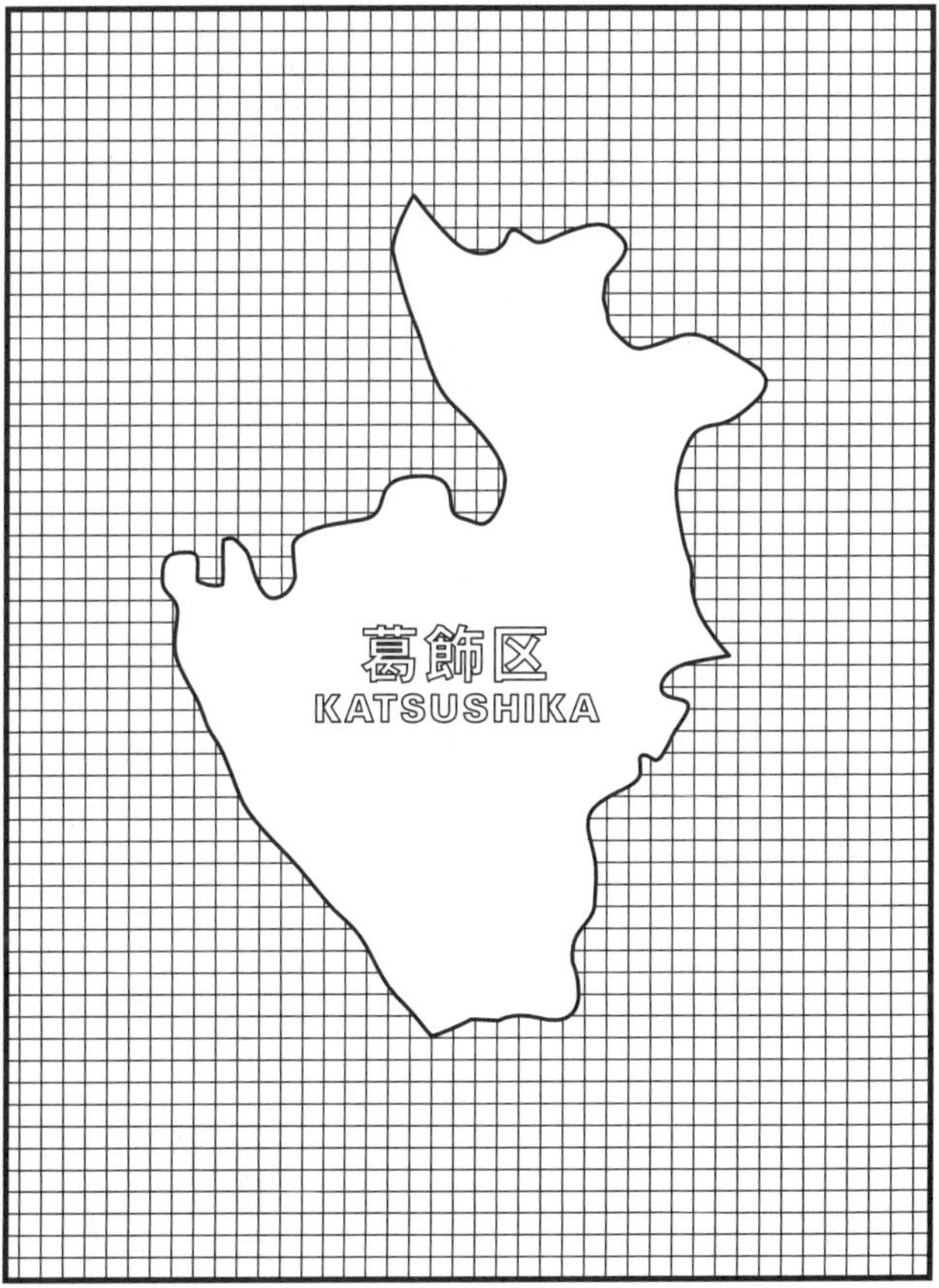

足立区と肩を組んで埼玉、千葉と接する23区の東北端をガッチリとかためているのが葛飾《かつしか》区であります。

西に荒川、東に江戸川、区の中央部をまがりくねりながら中川が流れる水の豊富な地域で、北部の水元《みずもと》にはかつて〝東京の水郷〟と呼ばれた「水元公園」があります。

区内には、常磐線の金町《かなまち》、亀有《かめあり》、総武線の新小岩、といった三つのJR駅がありますが、この区の文化生活を築きあげたのは何と言っても「京成電鉄」です。上野から延びてくる京成上野線と、都心を通る都営地下鉄1号線が押上《おしあげ》から乗り入れる京成押上線が青砥《あおと》で合流し、金町に通じています。

京成文化の本質

常磐線からも総武線からもはずれた葛飾の中央部、堀切《ほりきり》や青砥（町名は青戸）、立石《たていし》、高砂《たかさご》の人々は、京成電鉄の開通によって、上野や浅草などの都《みやこ》、そして千葉、成田方面へのレジャーに出かけてゆけるようになった人々です。区を縦に分断するように、荒川、中川、江戸川が流れ、文化の流入は閉鎖されていました。

よって、区中央部をX線形に走り、いろいろな知らない土地に連れて行ってくれる京成電鉄には、計り知れない感謝の念、があります。それは、ある種「信仰」に近い意識と言ってもさしつかえないでしょう。

青砥や高砂の子どもたちは、あの「ビュンビュン京成……山だ　海だ　ふもとだ　谷だ」という京成電鉄のCMソングを口ずさみながら、川の向こうの都《みやこ》や千葉の海へゆく夢をはせながら幼年期を過ごし、いまは惜しむらくつぶれてしまった京成百貨店が上野にオープンしたときには、すべてをかなぐり捨てて飛んでいった人々です。

京成電鉄に乗ると、まるで地方都市のバスのような「沿線商店街のナレーションCM」が車内に流れます。〝柴又《しばまた》駅前に代々続く甘いもの屋の紹介ナレーション〟などが車内に流れるとき、城南や城西から来た人々は目を丸くして仰天しますが、葛飾京成沿線の人々は皆、胸を張って、「京成とともに発展するわが町」の商店のCMに静かに聞きいっています。

「京成立石」「京成高砂」と、別に他に同名のJR、私鉄駅があるわけじゃないのに、わざわざ「京成」のネームが付加された駅名にもそれらの町の人々は満足しています。この土地には、「西武」もそして「東急」の文化も入ってくる余地がありません。

寅《とら》さんの柴又

柴又といえば寅さん、寅さんといえば柴又——と一種の公式のように、いまやこの町と「寅さん」というキャラクターは結びついています。東京23区内でも、これほど町と人物が密着した場所は他にないでしょう。作品の長閑《のどか》な雰囲気から、昭和20、30年代の頃に出来上がった物語、という印象を浮かべますが「寅さん」(男はつらいよ)の第一作は昭和44年(TV版はその前年)と、意外に新しい。東京オリンピックから5年、もはや都心に首都高が走り、都電が次々と廃止された年のことです。

小林信彦《のぶひこ》著『おかしな男　渥美清《あつみきよし》』によれば、当初、舞台の案として〝雑司ヶ谷の鬼子母神周辺〟が上がっていたといいます。仮にそちらになっていたら、いまごろ都電荒川線に寅さんの顔を描いたような電車が走っていたかもしれません。「豊島区」は観光地を一つ損をしました。

柴又の帝釈天《たいしやくてん》参道は、寅さん映画の現役時より、渥美清の死後、いっそう寅さんを看板にした観光地の様相を強めました。みやげ物屋には寅さんグッズがずらりと並び、店頭には等身大のパネルが飾られ、ふと渥美清本人も柴又の出の人……といった幻想を思い浮かべますが、この人は台東(車坂)で生まれて、柴又とは町の性格が正反対な原宿、代官山、といったところで過ごした人です。

　ちなみに帝釈天の正確な名称は、「経栄山題経寺」。参道の店の名物草だんごは、もともと参拝者のために付近の農家が江戸川べりのヨモギを使って作ったもので、いまもヨモギは細々と堤に自生している、と聞きます。

「子供の頃のオヤツは、おばあちゃんが作った草だんごだった……」なんて話を、柴又出身の人は得意げに語ります。

　柴又の名所といえば、もう一つ、帝釈天のちょうど裏手あたりの江戸川岸から出る「矢切の渡し」があります。このあたりの江戸川は、川淵《かわっぷち》にコンクリート護岸などが施されておらず、水草が繁《しげ》った、昔風の渡し場の風情《ふぜい》が保たれています。

　舟も、向こう岸の矢切（松戸市）の町に住む、杉浦さんという家が代々やっている一艘《そう》きりの小さな木舟で、ふと「半七捕物帳」の「茶店の娘とかけおちして舟で逃げる気弱な岡っ引き」の気分に浸れます。とはいえ船頭の杉浦さんは、さすがにチョンマゲに着物姿というわけではなく、最近はケータイなどを片手に「おー、そっちお客さんいるか？」などと、向こう岸の息子さんとイナセなやりとりなどを交しています。

　細川たかしの「矢切の渡し」の世界を思い描いてきた人は、向こう岸に何かある――と期待して船に乗るのでしょうが、漂着した向こう岸には、ほとんどナニもありません。ちっぽけな小屋のようなみやげ物屋が一つ、その先はかつての水田を埋めたてた荒地が続き、彼方《かなた》の丘を上ったあたりに、「野菊の墓文学碑」とかいう地味な史蹟《しせき》らしき場所が、ぽつんとあるだけです。

島流し、されたような気分ですが、このひなびた感じが、東京にただ一つ残った渡し舟の味わい、といってもいいでしょう。この寂しい矢切の岸辺に、柴又側を見下ろす寅さんの巨大銅像、などが間違って建設されないことを祈るばかりです。(そういうのも、ちょっと面白そうだけど)

水元リゾート住人としばられ地蔵

区の北端、グローブのように突き出した一帯が水元地区です。ここには「小合溜《こあいだめ》」に沿って造られた広大な水元公園が設備され、水草の繁る豊かな湿地風景を指して、古くから〝東京の水郷〟と呼ばれてきました。ちなみに小合溜とは、西方をくねくねと流れる古利根川(中川)の洪水を防ぐため、享保《きょうほう》の時代に掘り込まれた〝人工湖〟のことです。現在、小合溜際《ぎわ》の湿地には、都内最大規模とされる約20万株のハナショウブをはじめ、スイレン、ガマ、アシ……などの水草が植え込まれ、23区内では珍しくなったギンヤンマが、悠々と飛び廻る風景を眺めることができます。

30年も前まで、茨城の本家・水郷周辺と変わりない田園地帯だったこの地域も、いまや区画整理が施されて、おちついた住宅街に変貌《へんぼう》しました。豊かな自然公園を持つ〝リゾート地〟風の環境や、「水元」という不動産広告映えする字面のいい地名も効を奏したのでしょう、南部の京成沿線とは違った、ちょっとハイソな意識の住人たちが、〝東東京の成城〟みたいなイメージを描いて、「建もの探訪」の渡辺篤史がやってきそうな家に暮らしています。

ところで、水元の一画（東水元二丁目）に在する南蔵院に「しばられ地蔵」というユニークなお地蔵様があります。時代劇通の方には、大岡越前の〝地蔵さばき〟の逸話として記憶されていることでしょう。その名の通り、この地蔵を荒縄で縛ると、盗難除《よ》けや厄除け、縁結びのご利益《りやく》がある、といわれています。最近は観光客に縛られまくって、顔までぐるぐる巻きにされていることがしばしばあります。また、風の噂《うわさ》では、葛飾界隈《かいわい》の一部のS系性愛者は、この地蔵を使って〝緊縛術〟の訓練を積む、といわれております。

小菅《こすげ》の人々

区内の西端、荒川べりに小菅《こすげ》という町があります。ここは言わずと知れた〝拘置所の町〟として意識されている所ですが、過去を遡《さかのぼ》ってみると、なかなか興味深い歴史を携えている地域、といえます。

江戸の元文の時代には、徳川吉宗の〝鷹《たか》狩りのため〟の御殿が設けられ、明治の2年には、現在の葛飾から千葉や埼玉の一部までを統括する「小菅県」の県庁が置かれたのです。小菅県は明治4年の廃藩置県で消滅し、県時代は僅《わず》か3年足らずで終わったわけですが、その後この地には官営の「レンガ製造所」が築かれて、生産されたレンガは銀座や京橋のビル街の素材として愛用されました。

そして、堅牢《けんろう》な建物は、西南戦争で敗れた西郷軍兵士の獄舎に使われ、これが刑務所のきっかけ、となります。昭和46年、いまの池袋サンシャインシティーの所にあった〝巣鴨《すがも》プリズン〟が廃止され、小菅刑務所内に東京拘置所が移管された――という経緯です。

少々硬い話になりましたが、ここで、檻《おり》の中の人々と面会するときのノウハウについて触れておきましょう。〈統一獄中者組合〉という所が作成している「面会・差入れハンドブック」というものがあります。

ま、読者のなかに、あまり〝檻の中の知人〟がいらっしゃる方は少ない、と思いますので詳細は省きますが、次のような興味深い記述があります。

◆面会は、一日一人の人に、三人で合うことができる。
◆この場合、〇才～二才までの乳幼児は人数に含まれない。

◆獄中の人が自分の所持品を外の人に渡すことを「宅下げ」という。

そして、面会者が獄中者に渡す「差入れ品」には、次のような細かい規定が記されています。

◆羽織り、じんべい、はんてん、ちゃんちゃんこ、じばん……各一着

◆生理ショーツ……二着まで

◆靴下は、ハイソックスの差入れは認められない。かかとの部分から二つ折りにしたとき、上の部分（脚）の方が長い靴下は、ハイソックスとされて認められない。

他にも、様々な差入れ品についての細かい規定が掲げられていますが、「スポーツ新聞」に関して、次のような奇妙な掟《おきて》があるようです。

◆スポーツ新聞は一種類のものしか差入れできない。（ただし、郵送すれば複数の種類を差入れできる）

◆「日刊スポーツ」に限り、差入れ屋から差入れできる。

どうして「日刊スポーツ」なのでしょう。ま、おそらく単に日刊スポーツの営業マンが、門前の差入れ屋に頑張って食い込んだのでしょうが、なんとなく気になる表記です。

ところで「差入れ屋」と唐突にいわれても、ピンとこない方も多いでしょう。これは〝拘置所の町〟特有の物件で、所内に1軒「両全会」、所の門前に「池田屋」「さがみ屋」の2軒が軒を並べています。

店内は一見、町の雑貨屋の風情ですが、衣類は当然、先の差入れの規定に基づいた地味なものばかりで、GAPのTシャツとかユニクロのフリース、などは見当りません。そして、注目すべきは書籍類の棚。さすが〝消費者ニーズ〟を考慮して、「山口組」抗争の歴史などを扱ったルポルタージュや、雑誌は「週刊実話」「アサヒ芸能」が並びます。また、プルトップなどが凶器に使われるのを防ぐ意味もあって、缶詰は〝缶切使用式〟の明治の桃缶……みたいな古風なタイプのものばかり陳列されています（係員が缶切で開けて、中身だけ獄中者に出す）。

差入れ屋の並びには一軒、喫茶店があって、ここで珈琲《コーヒー》を飲んでいると、組の若頭と親分の愛人——といった風情の人々の、とても濃い会話を聴収することができます。

NEW TOKYO 23ku MONOGATARI

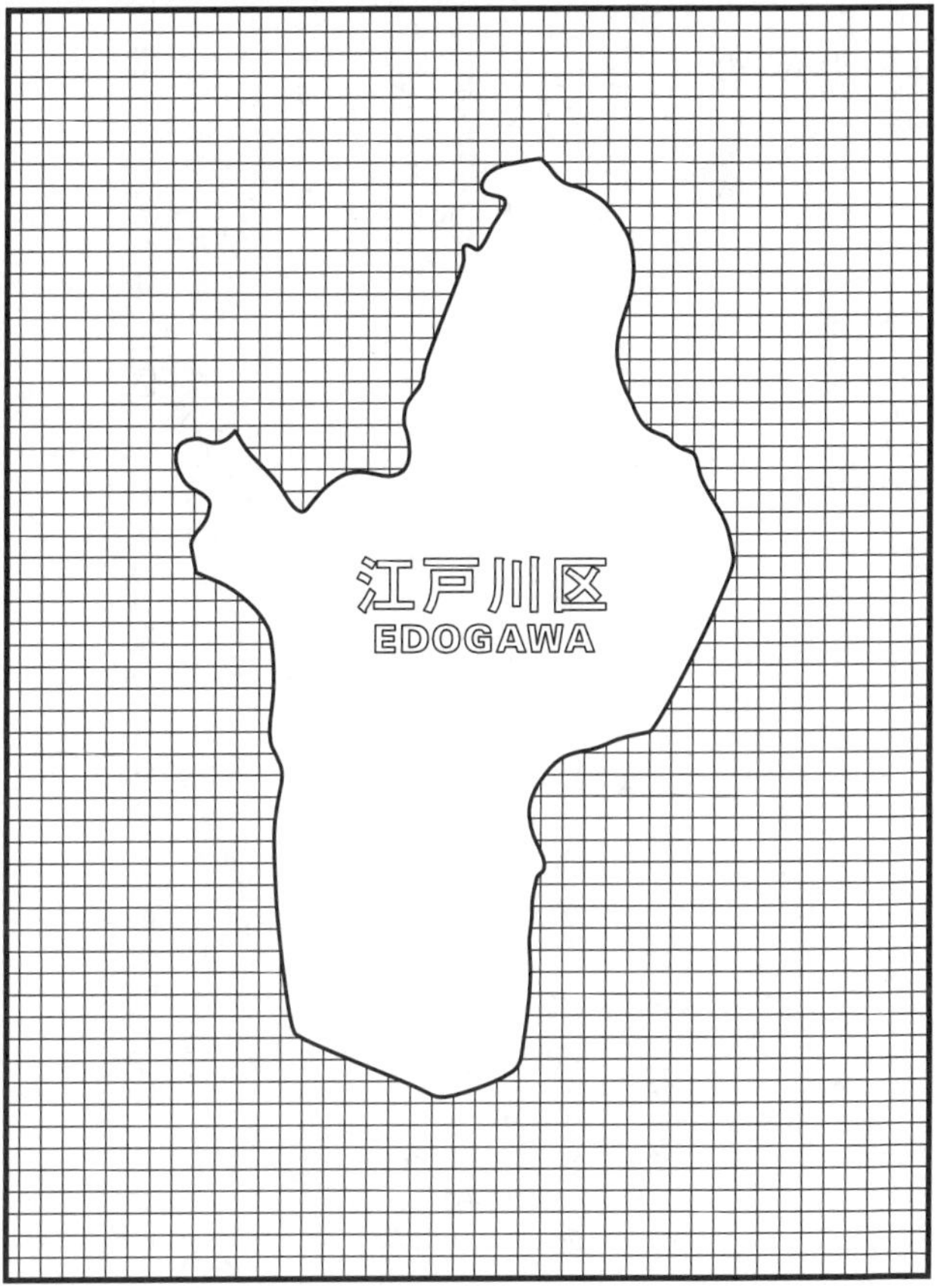

23区最東端に位置する江戸川区は、長らく〝都心の近郊農村〟の役割を受けもっていた地域です。いまもポピュラーな小松菜は、区内の「小松川」の土地に発祥するもので、農作物以外でも、一之江《いちのえ》や春江の金魚養殖、鹿骨《ししぼね》の生花（アサガオ、ホオズキなど）、篠崎《しのざき》のシメ縄やザル作り……また南部の葛西《かさい》一帯は昭和30年代まで、ノリの名産地として有名でした。

かつて鉄道といえば、区の北部を掠《かす》めて通る総武線一本きりでしたが、昭和40年代以降、東西線、都営新宿線と、ナニもなかった中南部にも待望の鉄道が敷かれ、ノリ作りの篊《ひび》が浮かんでいた葛西沖は埋め立てられて、団地やオートバックスや人工なぎさのある臨海公園に変貌しました。臨海公園には先頃、「お台場」の寸法を上回る国内最大の観覧車が設備され、江戸川区民の〝新たな誇り〟となっています。

小岩の栃錦像

お隣の新小岩（葛飾）とくらべて、なんとなく影の薄い存在になっているのが、こちら江戸川区の元祖・小岩。あまり知られておりませんが、小岩駅の改札前には、渋谷のハチ公やモヤイ像に匹敵するような〝待ち合せのシンボル〟が建立《こんりゅう》されています。

昭和30年代の名横綱、栃錦像。雲竜型の土俵入りをする栃錦の青銅像の周囲には、若者の姿こそ少ないものの、近隣の中高年たちの人溜《だま》りが確認できます。「ハチ公のシッポ」なんて待合せの物言いがあるように、ここには「栃錦のお尻《しり》」なんてフレーズが定着しているのでしょうか。ちなみに栃錦関は、お尻にしばしば湿疹《しっしん》が出る力士として有名でしたが、さすがに銅像の尻の方はツルンとした質感に仕上げられています。

小岩周辺は栃錦をはじめ、数々の名力士を輩出した土地で、東小松川にある善照寺は、江戸の時代から力比べ大会が催された「相撲寺」の俗称をもつお寺です。また、小岩、平井、といった、このあたりの総武線駅構内の古風なミルクスタンドでは、「やまびこ牛乳」という長野・安曇《あずみ》産の濃い牧場牛乳を味わうことができます。

小岩は、主に南口から三本放射状に延びる、サンロード、昭和通り、フラワーロードに沿って繁華街が広がっています。東寄りのサンロードが最も古びた商店街で、くねくねとした幅の狭いアーケードの通りづたいに、昔ながらの瀬戸物屋や乾物屋が軒を並べます。

ごちゃっとした町並のなかで、ランドマークのように掲示されているのが、百円ショップの「ダイソー」の看板、それから「湯宴ランド」という、いかにも江戸川風情《ふぜい》漂う温泉ランドのビル。〈お芝居とお風呂《ふろ》の身近な健康ランド〉そんな謳《うた》い文句のもと、ここでは寄席《よせ》や歌謡ショーを眺め、ジェットバスなどを愉《たの》しむことができます。

前作（『東京23区物語』）において、パチンコ・焼肉・サウナ――の御三家看板が目につく町、と評しましたが、業態にさほど変化はないものの、パッケージは多少リニューアルされてきています。パチンコ屋はヨコモジ看板のファッションビル風の物件が数を増し、焼肉はハングル文字を掲げた本格的韓国料理の店が優勢となって、旧態然としたサウナ風呂に変わって、町の所々に「エステ」の名を謳った〝美容系〟か〝風俗系〟か、ちょっと迷うような間口の店が散見されるようになりました。

船堀、一之江、篠崎あたり

区の中間部、船堀、一之江、瑞江《みずえ》、篠崎といったあたりは、葛西方面へ行く街道沿いに古くから商店街があった船堀を除けば、都営新宿線の開通によって、ようやく「町」らしいものができあがった新興地です。この沿線でも荒川の向こうの墨田区の領域までは、下町風情のようなものがどうにか漂ってはいますが、江戸川の区域に入るとそれは消えて「元農村」の印象がぐっと強まってきます。

駅前は小綺麗《こぎれい》なロータリーなどが設けられて、確かにニューな雰囲気ではありますが、ビルに入ったレストランのメンツなどがどうもパッとしません。大方が中途半端《はんぱ》なファミリーレストランで、なんと申しましょうか「オブラディ・オブラダ」みたいな中途半端なインストゥルメンタルが流れるなか、「食えりゃいい」といった味にこだわりのないニューファミリーが「和風ハンバーグステーキ」を黙々と食っている――というような光景が浮かびます。

今年38になるオヤジは、ユニクロで仕入れたチェックのシャツの裾《すそ》をいまどきの若者風に外に垂らしていますが、これでも若い頃は地元小松川の暴走族でならした口で、クルマにだけはこだわりをもっています。このあと家族は、環七や京葉道路沿いに点在するカー用品のショップに寄り道して、最新のカーナビをひととおりチェックし、〈追い越し注意！　全長18メートル〉なんていうステッカーを買って家路へつきます。

駅前の町並こそパッとしない、この江戸川中間部の地域も、古くからの産業にはなかなか面白いものがあります。たとえば小松川は、その名にもなった小松菜の名産地、一之江から春江町にかけては金魚の養魚地として有名だったところで、今も養魚場がいくつか残っています。篠崎あたりはかつて〝ザル作り〟の生産が盛んだったところ。

それから篠崎の隣に鹿骨（シシボネ、と読ませる）という変わった名の町があります。ここはかつて、骨つきの鹿やシシの肉を食わせる野趣な店があった……というのは出鱈《でたら》目《め》です。入谷のアサガオ市や浅草のホオズキ市がありますが、ああいったアサガオやホオズキの大方は、この鹿骨に集まった生花園でつくられているのです。

葛西のノリ、シジミ、小松菜に金魚、アサガオといい、少々大袈裟《おおげさ》にいえば、昔の東京人（いまでいう下町風）のくらしの素、というのは、この江戸川で生産されていたというわけですね。

東京のオランダ　葛西

現在の地図を眺めると、西葛西から南葛西にかけての西の縁に、周辺のマス目状の道とは異なる、カギのように湾曲した道筋が通っています。昭和30年代当時まで、これが東京湾の海際《うみぎわ》の道路だったもので、東京オリンピックでアベベが甲州街道をひた走っていた頃、清新町や臨海町、葛西臨海公園の一帯は、シジミやノリが採れる海だったのです。

葛西の一帯は、海面よりも低い湿田地帯のなかに、付近の漁師たちの小舟が浮かぶ小川が何本も走っていた風景から〝東京のオランダ〟などと呼ばれていました。ノリやシジミ採りの舟が浮かぶ風景を指して「オランダ」と表するのは少々飛躍的なような気もしますが、ここをオランダとすれば、アムステルダムのような場所として東西線の葛西の駅ができました。

かつてノリ干し場があったような場所には「なぎさニュータウン」をはじめとする団

地が建って、赤銅色《しゃくどういろ》に日焼けした顔でシジミ舟を漕《こ》いでいた若き日の漁師たちは皆好々爺《こうこうや》となって、かわいい孫を連れてディズニーランドの「カリブの海賊」や「ジャングルクルーズ」の船に乗ったとき、ふとありし日の舟漕ぎ時代の光景を想《おも》い出します。

ディズニーランドを背景にした葛西臨海公園にも、待望のアミューズメント施設として、立派な観覧車（ダイヤと花の大観覧車）が設備されました。

ところで、ニューヨークの南郊・コニーアイランドというリゾート地に〝テーマパークの源〟とされる遊園地があって、20世紀初頭に建設された歴史的な大観覧車が存在します（世界最初の観覧車は一八九三年、シカゴ万国博覧会に設置されたもの）。都心をマンハッタンに見立てると、さしずめこの葛西臨海公園はコニーアイランド、と位置づけることができるかもしれません。

では、この23区の東の果ての観覧車から見渡す東京風景、なんぞを想像していただきながら、本書を締めくくることにいたしましょう（次の〝改訂版〟を執筆するときに、水没していないことを祈りつつ……）。

統

計

イタリア三色旗に侵略された地域　2000年代初頭

イタリア三色旗とは、この場合〝マルゲリータ・ピザ〟と〝モッツァレラチーズとトマトのサラダ〟程度のメニューを揃えたレベルのイタリア料理店を指します。この20年の間に、わが美しき東京の国土がめまぐるしい勢いで三色旗に侵略されていった様子がわかります。港区あたりを核にした病巣は、はじめ西部に広がって、三色旗に侵されにくいとされていた東や北方向にまで点々と転移し、もはや手のつけられない状態、といっていいでしょう。ちなみに、千代田区の中央部にぽっかり空いた空白地域は皇居の一帯です。ここに三色旗を立てるわけにはいきません。

①イタリア三色旗に侵略された地域　1980年代初頭

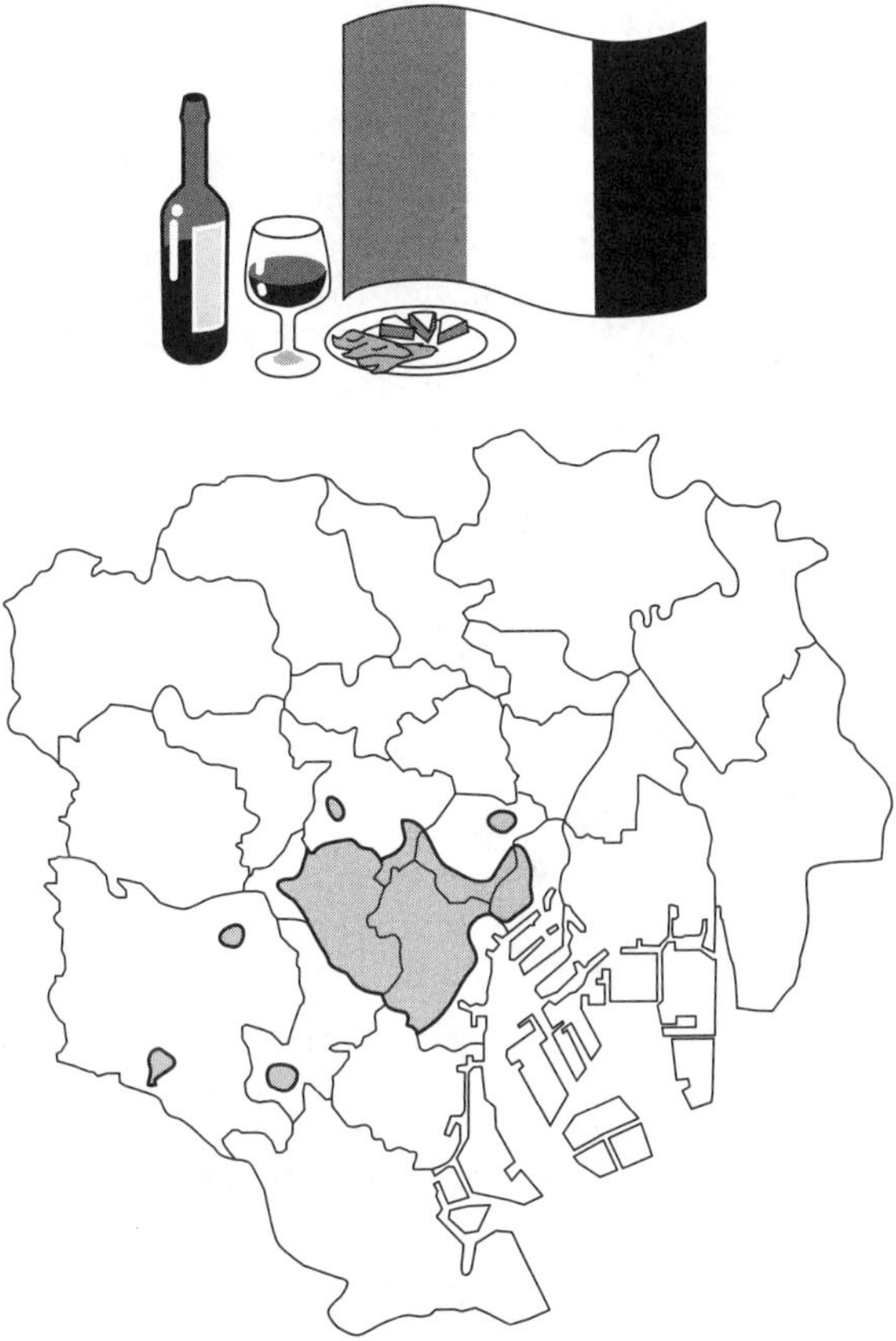

②観測衛星ランドサットがとらえたガングロ度数（2000年 夏 現在）

2000年夏、といういわゆる〝ガングロ系コギャル〟ピーク時の計測ゆえ、その密集地であった渋谷と池袋周辺に〝黒い影〟が顕著に確認できます。また、この測定値は顔の黒い日本人ギャルにだけ反応するものではありません。中野から杉並にかけての中央線沿線は付近に多いインド系の店、港区六本木付近に見られる黒点は〝ブラック・ミュージック系〟の店に集う人々に因るものでしょう。東京湾上の黒点はお台場周辺のウインドサーファーたち。

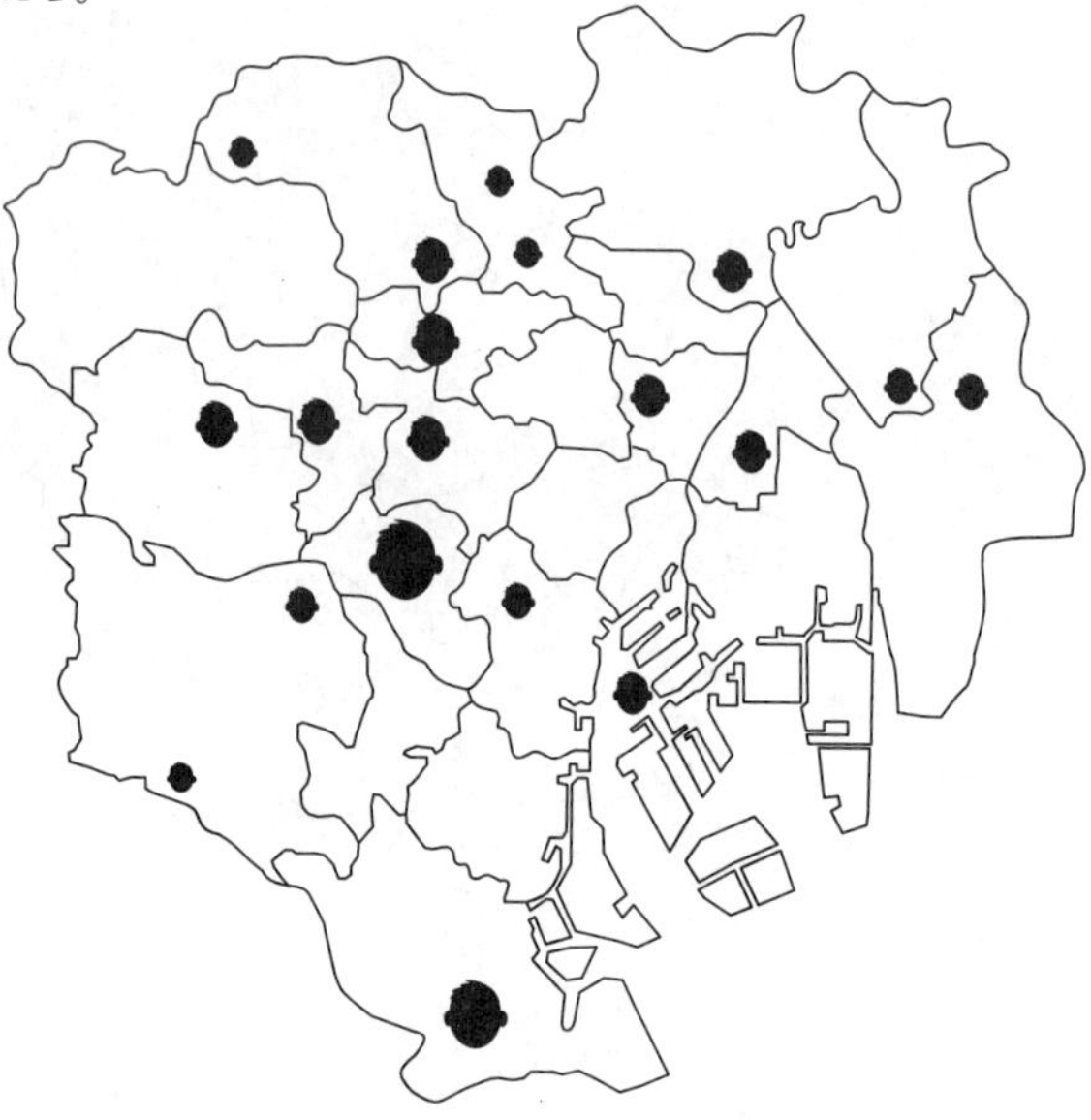

③回転するスポット分布図

多くは、おびただしく増殖する「回転ずし屋」の分布であります。近頃は〝回転する飲茶〟なども発生し、23区くまなく〝料理がぐるぐる回ってる店〟が見られるようになりました。渋谷、新宿、池袋などの繁華街と、環七、環八といった郊外環状道路沿いに多く、ちなみに錦糸町や新小岩界隈では〝W回転〟等の看板を掲げたキャバレーの数値もカウントされ、お台場と江戸川区葛西の表示は、大観覧車の回転に因るものとみられます。

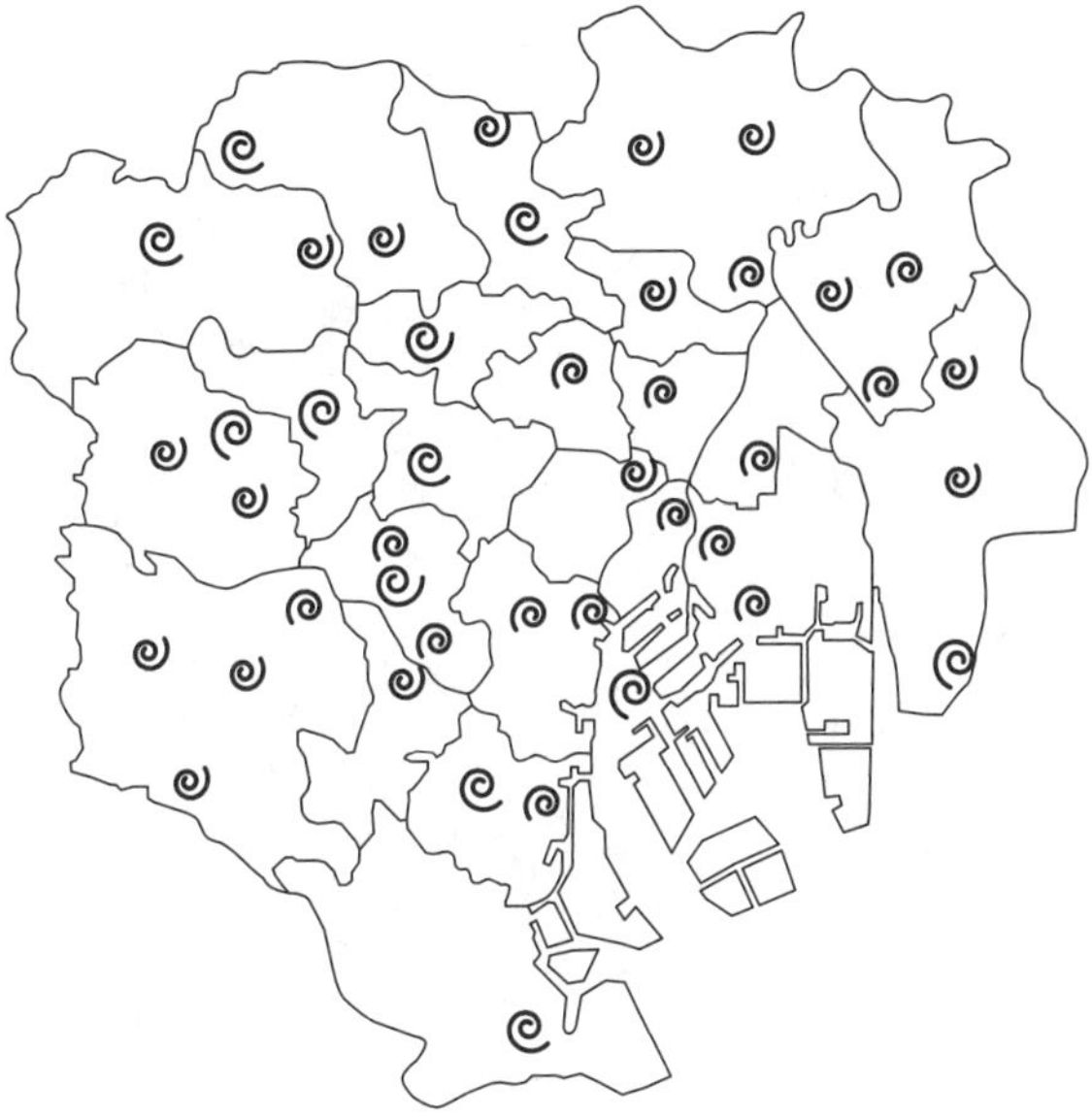

④ぶらり途中下車の旅、車だん吉がやってきそうな町

細かいことでいえば、最近の「ぶらり途中下車の旅」の旅人は太川陽介や見栄晴だったりすることも多いが、ここはやはり先達の車だん吉でしょう。車がショルダーバッグを肩に散策するのが似合う町は、主に東京北東部の地味な私鉄沿線の町といえます（本人も京成沿線町歩きのエッセー本を出している）。そういう町並こそ、バックに被さる滝口順平のナレーションも映える。世田谷で唯一、大きな車マークが見えるのは無論、世田谷線沿線地域。ちなみに、スターバックスが発生すると、車だん吉侵入度数はぐっと低下します。また番組の性格上、鉄道のない町に、車だん吉はやってこれません。

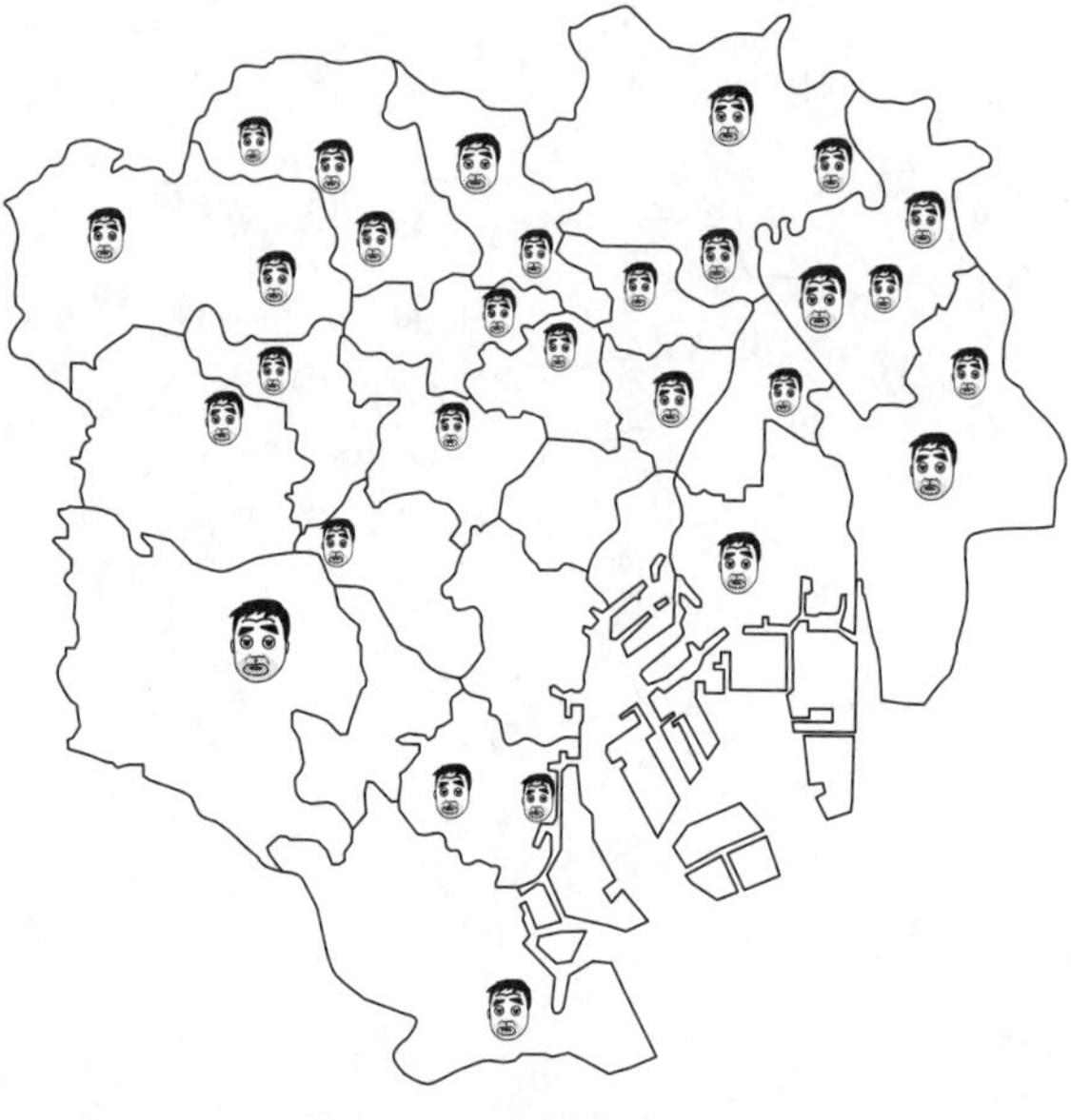

⑤年間ハラミ消費量

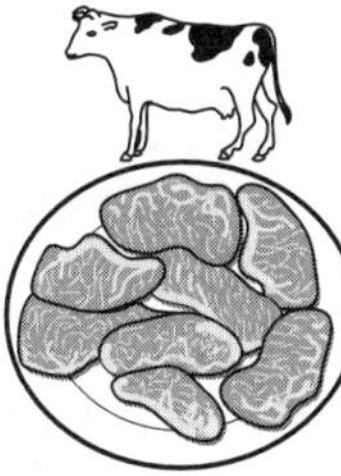

焼肉のメニューのなかで〝通な部位〟とされるハラミを指標に、23区の風情を色分けしてみました。高水準の店を多くもつ足立を筆頭にやはり東東京勢が圧倒的に強い。西部では蒲田を収容する大田が健闘している。都心でもたとえば港あたりは赤坂や麻布十番に名店が密集するものの、ここは他料理（イタリアやフランス）も豊富なため、票が割れてしまいました。

⑥酔っぱらってネクタイをハチ巻きにするオヤジ残存率

ひと頃まで多くの町で観察できた酔客の光景ですが、この数年めっきり見られなくなりました。依然、ネクタイ巻きオヤジが安定した個体数を保っている地域が新橋の烏森界隈、以下、上野、錦糸町、新小岩、北千住、大森、蒲田……そして中央線沿線の中野、高円寺といったところで、僅かながら目撃例が挙がっています。また、一見奔放な酔客が豊富そうな浅草や墨田、葛飾の京成線沿線地域はネクタイ族が少なくなるため、こういった光景は見られなくなります。

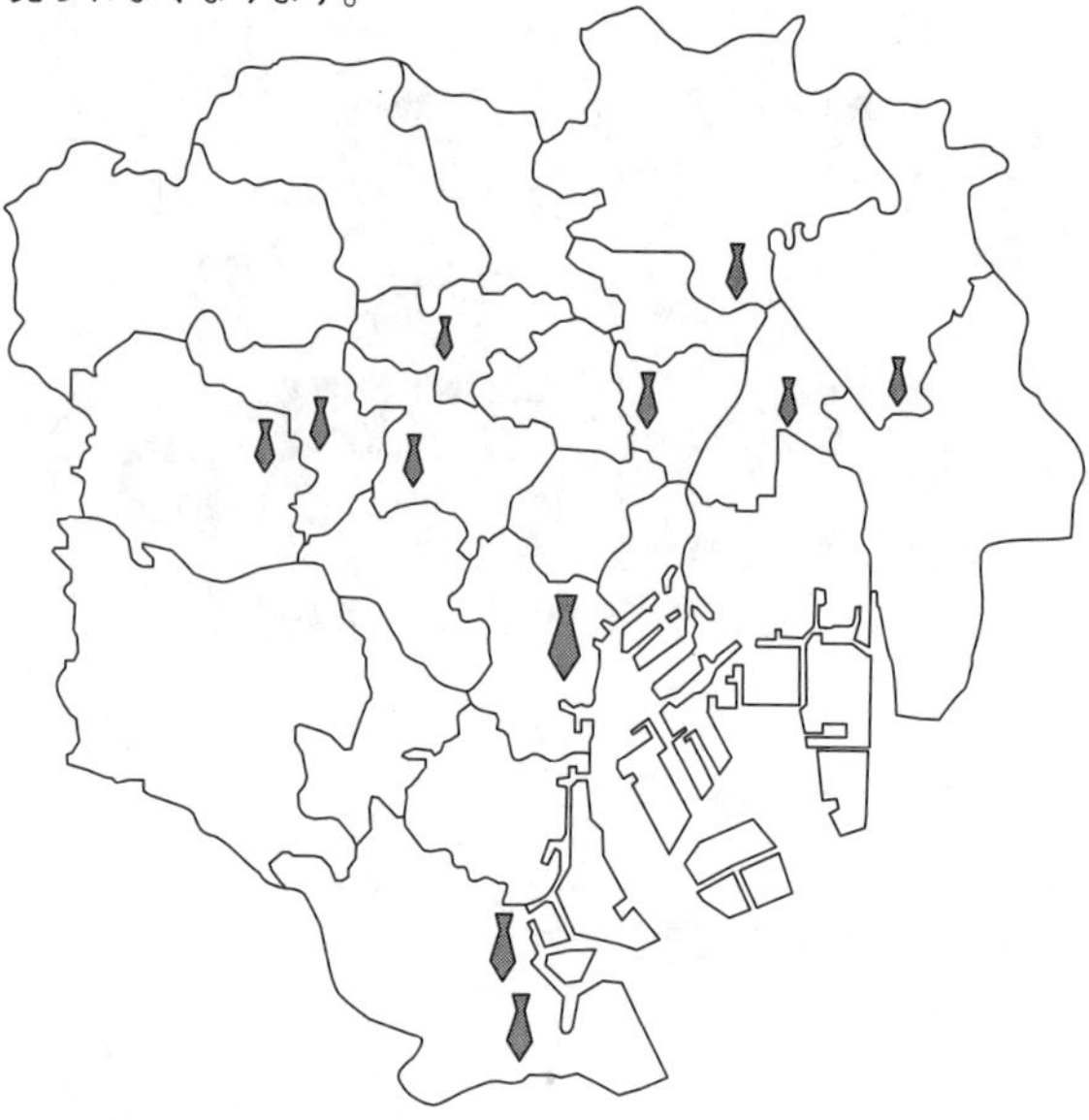

スターバックスを呼びよせやすい環境

ハイテクな外資系オフィス

電飾モール映えする並木

フレッシュネスバーガー

かっこいい犬を連れたモデル

スターバックスを呼びよせにくい環境

巨大な卸売紳士服の看板

つけめん大王と
キャバレー日の丸に囲まれている

右翼の街宣車

耳に赤エンピツをはさんだオヤジ

特別付録

東京マニアック・クイズ

以下、主に本文でふれられなかった小ネタの諸々をクイズ化しました（本文中に解答の隠されているものもあります）。
かなり、趣味が片寄った設問、だとは思いますが、暇つぶしにトライしてみて下さい。

〈設問〉

① 東京駅の「八重州」の名の由来となったオランダ人の名前
② スターバックス日本第一号店が出来た通り
③ かつて、池袋のパルコの所に建っていたデパート
④ かつて、新宿のアルタの所に建っていたデパート
⑤ 東京タワーの完成年月日
⑥ 山手線のなかで一番後に出来た駅
⑦ 「白金」の地名が登場する研ナオコの曲名
⑧ 現在「目黒倶楽部石庭」に改称されたが、往年の〝お城〟風佇まいをいまだ残す目黒川沿いのラブホテルの殿堂
⑨ 東横線の「特急」が渋谷の次に停車する駅
⑩ 新小岩と小岩、葛飾区にあるのはどっち
⑪ 映画「海の若大将」（加山雄三主演）のなかで〝スミちゃん〟（星由里子）が勤務する、いまはなき青山のスーパー

⑫　「東京ららばい」（中原理恵）に歌われる幹線通りの名
⑬　学芸大学、大泉学園、成城学園、駅名に「前」が付くのは
⑭　代々木上原に記念館が建つ高名な音楽家といえば
⑮　通称〝番町〟は何番町まであるか
⑯　東京で最初に出来た地下鉄線
⑰　東武練馬駅は何区？
⑱　「ぎんざNOW！」のサテライトスタジオが設けられていたデパート
⑲　「田園調布に家が建つ！」のギャグで一世を風靡した漫才コンビ
⑳　「ニッポリ（日暮里）笑ったそのえくぼ…」山手線をテーマにした綴り方教室を十八番にしていた噺家
㉑　プラチナストリートの正式名称
㉒　カフェバーの元祖、とされる西麻布交差点近くにあった店
㉓　飛行船のオブジェがシンボルになっていた表参道のカフェバー
㉔　飯倉の高級カラオケ店「フェスタ」の地にあった老舗の料理店
㉕　江古田。西武池袋線の駅名の呼び名は
㉖　以下の町名の読みを正しく答えよ
払方町（新宿）、東雲（江東）、
白金（港）、高橋（江東）、土支田（練馬）
㉗　いまはなき日本橋のデパート「白木屋」の地下にあった湧水
㉘　昭和32年、玉電と衝突死した巨人軍の名投手

㉙ 「007は二度死ぬ」で日本の諜報部の移動装置に使われている地下鉄
㉚ 江戸川区内にあるバス停「雷」は何と読む
㉛ 天気予報で東京の気象の測定地となっている町
㉜ 「こち亀」で有名になった亀有は何線の駅
㉝ 福山雅治のヒット曲で知られる「桜坂」のある町
㉞ ドトールがスタバに対抗して出店した新式のカフェ
㉟ 環八を舞台にしたユーミンのラブソング
㊱ 映画「君の名は」の舞台となった橋
㊲ 70年代、吉田拓郎の唄にもうたわれた表参道の居酒屋
㊳ 東京で最初の歩道橋が出来た町
㊴ 88年の正月明け、天井から巨大ライトが落下した六本木のディスコ
㊵ 先頃まで首都高4号線幡ヶ谷付近沿いに連続していたサラ金会社の看板
㊶ では、首都高3号線谷町インター先の左手に見える巨大看板に描かれた科学者は……
㊷ 巣鴨とげぬき地蔵の横路地、おばあちゃんたちの行列が出来るカレーウドンの名店
㊸ 変貌する渋谷ハチ公前交差点で、一軒だけ長らく頑張っている老舗の薬屋
㊹ そのハチ公広場上空に、昭和26年から約2年間運行していた乗り物
㊺ 当初、力道山のプロレスの悪役として来日したニック・ザペッティが1956年、飯倉に開業した老舗のピザ屋
㊻ 80年代、ディスコ・マハラジャ（NOVA）グループ

の店を仕切ったカリスマ的兄弟

㊼ 「東京は夜の７時」他、数々の東京テーマのポップスを生産した〝シブヤ系アーチスト〟(死語) の重鎮

㊽ 戦後、都心の街路樹に多大な被害を与えた蛾・アメリカシロヒトリが最初に発見された町

㊾ 「千葉の女が乳しぼり」の名ギャグを放った漫才コンビ

㊿ 23区内の町名で、(間に入る〝ケ〟や〝ガ〟を除いて) 唯一、ひらがなが使われている町

〈解答〉

① ヤン・ヨーステン

江戸（慶長）時代、貿易の仕事でやってきたオランダ船の船長で、家康につかえて日本人の妻をもらい、八重州あたりに住んだ。オヤジギャグのようだが、その名が訛って〝八重州〟の地名となった。

② 銀座・松屋通り

③ 丸物

④ 二幸

⑤ 1958年12月23日

⑥ 西日暮里

千代田線と中継するため、1971年開業

⑦ 「TOKYO見返り美人」

阿木燿子作詞、カラオケの隠れた名曲

⑧ 目黒エンペラー

⑨ 自由ヶ丘

⑩ 新小岩

⑪ ユアーズ

壁に掘りこまれた〝有名人の手形〟が印象的だった

⑫ 山手通り

歌では〝山の手通り〟と発語される

⑬ 成城学園前

⑭ 古賀政男

⑮ 六番町

⑯ 銀座線

昭和14年全通

⑰ 板橋区

⑱　三越銀座店
「ＧＩＮＺＡテレサ」と呼ばれていた

⑲　星セント・ルイス

⑳　柳亭痴楽

㉑　外苑西通り

㉒　レッドシューズ

㉓　キーウエストクラブ

㉔　狸穴そば
狸穴（まみあな）は周辺の古い地名。ちなみにこの店は、若大将映画の「田能久」（田沼雄一＝加山雄三の家であるスキヤキ屋）の舞台にもしばしば使われた

㉕　えこだ
ちなみに中野区の町名の読みは、えごた

㉖　はらいかたまち　しののめ
しろかね　たかばし　どしだ

㉗　白木の名水

㉘　ヴィクトル・スタルヒン
日本球界で300勝を記録した白系ロシア人の名投手。昭和32年１月12日、運転中、三宿付近で路面電車の玉電に衝突、妙な死を遂げた

㉙　営団丸ノ内線
来日したボンドが、日本諜報部のボス丹波哲郎の邸に向かうとき、往年の赤い丸ノ内線（5000型）車内を改造したサロンカーに乗せられる

㉚　いかずち
東葛西九丁目にある都バスの停留所。近くの「雷不動」に由来する

㉛ 大手町（気象庁）

㉜ 常磐線（千代田線）

㉝ 田園調布本町

㉞ エクセルシオール・カフェ

㉟ 「カンナ8号線」

㊱ 数寄屋橋

㊲ ペニーレイン
「ペニーレインでバーボン」という曲

㊳ 西五反田
1962年、中原街道と第二京浜の分岐点に完成

㊴ トゥーリア
当時、巨人の桑田が事故直前までいた……というニュースが話題になった

㊵ ワールド（ファイナンス）
赤地に白ヌキの看板がひと頃まで連続していたが、アパレルの方の「ワールド」と商標関係でもめた一件のせいもあるのか、多くは撤去された

㊶ ドクター中松
溜池交差点近くのビル上階に、氏の事務所兼〝発明グッズ店〟がある

㊷ 古奈屋

㊸ 三千里薬品

㊹ ロープウェイ
東横百貨店屋上から、現在の西館の所にあった玉電ビル屋上に向けて、なんと「ひばり号」というロープウェイが運行していた。いま復活したら、〝観覧車〟的なラブスポットになるかもしれない

㊺　ニコラス

㊻　成田兄弟

兄貴の方は、当時ハヤリのユーロビート曲に日本語詞をのせたレコードまで出していた

㊼　ピチカート・ファイブ

㊽　大森・森ヶ崎

終戦の年、現在の大森南にあった進駐軍の資材置き場近くでサナギが発見された

㊾　東京二・京太

トウキョウジ、キョウタ、と読む

㊿　中央区勝どき

桐ヶ谷や夢の島……などは除いて、これが唯一の〝ひらがな入り町名〟。「鬨」が難字のためだろう

この作品は書きおろしである。

永井荷風著
濹東綺譚

小説の構想を練るため玉の井へ通う大江匡と、なじみの娼婦お雪。二人の交情と別離を描いて滅びゆく東京の風俗に愛着を寄せた名作。

原田宗典著
東京トホホ本舗

どんな時でも、何が何でも困っちゃうスーパー・トホホニストがおくる、玉子おしんこ味噌汁つき超特盛り大特価の脱力エッセイ。

酒井順子著
自意識過剰！

「この相手に私はどう思われているのだろう」。乙女心のパワーの源〝自意識〟を、筋金入りの自意識過剰者サカイが斬る、痛快エッセイ！

酒井順子著
ニョタイミダス

唇、鎖骨、尻、下っ腹、に肛門!? 全女子の、自分のカラダ＝ニョタイへの親心をキュッと一刺し。沈着で痛快な女体45部位解析コラム集。

杉浦日向子著
江戸アルキ帖

日曜の昼下がり、のんびり江戸の町を歩いてみませんか――カラー・イラスト一二七点とエッセイで案内する決定版江戸ガイドブック。

杉浦日向子とソ連編著
ソバ屋で憩う
―悦楽の名店ガイド101―

江戸風俗研究家・杉浦日向子と「ソ連」のメンバーが贈る、どこまでも悦楽主義的ソバ屋案内。飲んだ、憩った、払った、101店。

新《しん》・東京《とうきよう》23区《く》物語《ものがたり》

新潮文庫　い－34－16

平成十三年九月一日発行

著者　泉《いずみ》麻《あさ》人《と》

発行者　佐藤隆信

発行所　株式会社　新潮社

郵便番号　一六二―八七一一

東京都新宿区矢来町七一

電話　編集部(〇三)三二六六―五四四〇

読者係(〇三)三二六六―五一一一

価格はカバーに表示してあります。

乱丁・落丁本は、ご面倒ですが小社読者係宛ご送付ください。送料小社負担にてお取替えいたします。

印刷・株式会社光邦　製本・憲専堂製本株式会社

ISBN4-10-107626-X C0195